Mick Fleming

Schonungslose Gnade

Meine Geschichte von Täuschung, Erlösung
und der Kraft der Vergebung

MICK FLEMING

Schonungslose GNADE

Meine Geschichte von Täuschung, Erlösung und der Kraft der Vergebung

Aus dem Englischen übersetzt von Dagmar Schulzki

SCM
Hänssler

SCM

Stiftung Christliche Medien

SCM Hänssler ist ein Imprint der SCM Verlagsgruppe,
die zur Stiftung Christliche Medien gehört, einer gemeinnützigen Stiftung,
die sich für die Förderung und Verbreitung christlicher Bücher,
Zeitschriften, Filme und Musik einsetzt.

Bischof Pastor Mick Fleming hat einen Abschluss im Fach Theologie von der *University of Manchester* und wurde im März 2019 von der Organisation des *International Christian Church Network* ordiniert. Er ist Pastor der *Church on the Street* in Burnley, einer christlichen Gemeinschaft, die es sich zur Aufgabe gemacht hat, den Menschen zu helfen, insbesondere jenen, die obdachlos oder abhängig sind oder an der Armutsgrenze leben.

MIX
Papier | Fördert gute Waldnutzung
FSC® C014496

Max-Eyth-Straße 41 · 71088 Holzgerlingen
Internet: www.scm-haenssler.de · E-Mail: info@scm-haenssler.de

Originally published in English under the title: *Blown Away*
Text by Mick Fleming. Published by SPCK Group, London, England.

Übersetzung: Dagmar Schulzki, book-translation.de
Lektorat: Mirja Wagner, www.lektorat-punktlandung.de
Umschlaggestaltung: Stephan Schulze, Stuttgart
Titelbild und Autorenfoto: © Church on the Street
Bildteil: Fotos 1–11 © Mick Fleming (Das Familienalbum);
Fotos 12–16 © Phill Edwards, BBC
Satz: typoscript GmbH, Walddorfhäslach
Druck und Bindung: GGP Media GmbH, Pößneck
Gedruckt in Deutschland
ISBN 978-3-7751-6207-4 · Bestell-Nr. 396.207

Für Kathleen und Gordon

Inhalt

Vorwort

Es ist unmöglich, die *Church on the Street* zu besuchen, ohne tief bewegt zu sein. Diese Organisation hat es sich zum Ziel gesetzt, Menschen in Not zu helfen. Dieser außergewöhnliche Ort bietet vielen Menschen Zuflucht und Sicherheit. Allein die Möglichkeit, unsere Probleme mit anderen zu teilen und ehrlich zu uns selbst zu sein, hilft uns oft dabei, zu heilen und die Herausforderungen des Lebens zu meistern. Und wenn wir das tun, stellen wir fest, wie stark das Band ist, das uns alle verbindet.

Seine Königliche Hoheit, der Herzog von Cambridge
Juli 2022

1

Das Trauma

Summer ertönen, Türen öffnen sich. Eine dunkle Vorahnung breitet sich in mir aus. Polizisten links von mir, Polizisten rechts von mir.

Stimmen hallen in den Korridoren, die nach Desinfektionsmitteln riechen, wider. Ich habe das Gefühl, unsichtbar zu sein. Sie sprechen miteinander, als sei ich gar nicht da. Die letzte Tür wird geöffnet – und rein. Dieser Geruch, dieser Anblick. Eine Schwester mit perlweißen Zähnen und rubinroten Lippen lächelt und sagt: »Von hier an übernehme ich, meine Herren. Komm, Michael, du hast dein eigenes Zimmer. Aber die Tür wird immer offen stehen, und mach dir keine Sorgen, es wird jemand auf einem Stuhl davorsitzen.«

Ich werde in einen Raum geführt. Das Bettzeug passt zu den Vorhängen, ein Schrank, ein Nachtschrank. Eine Institution.

Die Gedanken in meinem Kopf drehen sich wie in einem Kaleidoskop, doch die Farben verblassen zu Grautönen, als ich mich frage: Wie hat es nur so weit kommen können? Wo ist nur meine rebellische Ader geblieben? Wo die Kampfeslust, die Entschlossenheit, die so tief in mir verankert war? Wie hatte ich mich von den Polizisten einfach hier hereinführen lassen können? Nur wenige Wochen zuvor hätten sie dazu nicht die geringste Chance gehabt!

Ich habe keine Kraft mehr, spüre nur noch Verzweiflung. Ich sinke auf das Bett und fühle mich wie gelähmt, während mich Angst überfällt. Meine Kehle wird rau und trocken, während ich darüber nachdenke, was passiert ist.

Warum? Wie? Und *was?* Die Erinnerungen kehren zurück und ich sehne mich danach, der Wahrheit zu entfliehen.

Aber hier bin ich, ein großer, kräftiger, gebrochener Mann auf dem Bett in einer psychiatrischen Klinik.

Es war ein heller, klarer Wintermorgen. Ich sprang die Treppe hinunter – wie üblich zu spät für die Schule. Meine Schwester drückte mir ein glänzendes Fünfzigcentstück in die Hand. Ich liebte sie. Sie war wie eine Mutter für mich. Sie umarmte mich fest und sagte: »Verlier es nicht!« Dann rannte ich aus dem Haus. Keine Chance mehr, den Bus zu bekommen. Aber ich hatte mein Geld sowieso schon immer lieber behalten, als es auszugeben.

Aber hier bin ich, ein großer, kräftiger, gebrochener Mann auf dem Bett in einer psychiatrischen Klinik.

Mein Schulweg glich einem Tanz – mal schlenderte ich, mal rannte oder hüpfte ich. Dabei zählte ich die Steinplatten auf dem Gehweg. Ein kleiner Junge mit Brille, sandfarbenem, lockigen Haar und Freude im Herzen.

Ich nahm eine Abkürzung, sprang über den kleinen Fluss, statt die Brücke zu überqueren, und lief durch den Park. Auf meinem Gesicht lag ein breites Lächeln. Das Leben war schön! Ich fühlte mich lebendig! Ich konnte riechen, ich konnte schmecken, ich konnte hören.

Plötzlich war es, als würde ein Schalter umgelegt. Ein Arm legte sich um meinen Hals, der Geschmack eines Wollpullovers war in meinem Mund und alles, was ich noch sehen konnte, war das Graffiti an der Mauer und eine Parkbank, von der die Farbe abblätterte. Ich war vollkommen verwirrt, fürchtete mich aber davor zu weinen. Mein Herz hämmerte so heftig, dass es fast zersprang. Der Geruch nach Schweiß, der sich mit Süße vermischte. Eine barsche Stimme und ein Schmerz, wie ich ihn noch nie zuvor erlebt hatte …

Aus dem Augenwinkel sah ich eine Flasche. In den folgenden Jahren stellte ich mir immer wieder vor, wie ich sie mir schnappen und ihm über den Kopf ziehen würde! Aber ich tat es nicht. Ich hatte zu viel Angst.

Ich wurde auf den Boden geworfen. Meine Brille zerbrach, meine Knie bluteten. Ich war zum Opfer geworden.

Ich war vergewaltigt worden.

Seine Hand presste sich auf meine Kehle. »Wenn du irgendjemandem auch nur ein Wort davon sagst, bringe ich deine Eltern um! Hast du verstanden?«

Ich zog meine Hose wieder hoch, unfähig zu sprechen. Aber ich sah in sein Gesicht, sah ihm direkt in die Augen. Sein Anblick brannte sich für immer in mein Gedächtnis ein. Kein Lächeln. Schwarze Augen. Ein Hauch von Alkohol in seinem Atem. Ich würde dieses Gesicht nie vergessen.

Als ich davonstolperte, waren da keine Farben mehr. Ich konnte die Sonne nicht sehen. Ich konnte die Luft nicht mehr riechen und schmecken. Ich fühlte mich, als hätte jemand meinen Kopf in einen Eimer Wasser gedrückt. Ich saß in der Schule und nahm nichts von dem wahr, was um mich herum vorging.

Ich blutete. Ich hatte zu viel Angst, um auch nur den Mund aufzumachen.

»Fleming! Hör auf mit der Tagträumerei!«

Als der Lehrer mich ermahnte und die anderen Kinder darüber lachten, brachte ich kein Lächeln zustande. Ich konnte nichts sagen. Alles hatte sich verändert. Dunkelheit war über mich hereingebrochen. Und das war nicht meine Entscheidung gewesen.

Ich kann mich nicht mehr daran erinnern, wie ich von der Schule nach Hause gekommen war. Aber eines weiß ich: Ich nahm nicht denselben Weg wie am Morgen.

Dunkelheit war über mich hereingebrochen. Und das war nicht meine Entscheidung gewesen.

Als ich an mir herunterblickte, sah ich Blut und eine Schürfwunde in meiner Handfläche – in Form des Fünfzigcentstücks, das meine Schwester mir am Morgen gegeben hatte. Ich musste es mit aller Kraft festgehalten haben. Später sollte ich mich daran erinnern, dass Jesus Löcher in seinen Händen gehabt hatte.

Nun hatte auch ich eines in der Hand. Doch darüber hinaus hatte ich ein Loch in meinem Herzen und dieses würde nicht innerhalb von drei Tagen heilen.

Zu Hause ging ich in mein Zimmer und legte mich auf mein Bett. Ich starrte an die Decke und auf das Muster der Tapete. Ich versuchte mich davon abzulenken, was ich fühlte. Das Licht, das durchs Fenster hereindrang, fiel auf meinen Kleiderschrank und warf einen Schatten an die Wand, der aussah wie ein Baum. Ich sehnte mich danach, etwas zu sehen, das normal und real war.

Aber meine Welt war komplett auf den Kopf gestellt.

Ich versuchte zu weinen, aber ich hatte keine Tränen. In meiner Magengrube hatte ich ein Gefühl, das vorher nicht da gewesen war. Vielleicht war es Angst, aber ich war mir nicht sicher. Ich dachte, dass ich mich heftiger hätte wehren sollen. Und dass ich mich selbst enttäuscht hatte.

Die Nacht brach herein. Die Straßenlaterne vor meinem Fenster schien hell durch meine Vorhänge. Normalerweise gefiel es mir, wie das Licht auf der Wand tanzte, aber in dieser Nacht sah es anders aus. Ich sah sein Gesicht in dem umherwandernden Licht. Ich hörte das Rascheln der Bäume, als der Wind hindurchblies, und ich hatte Angst. Seine Worte hallten in meinem Kopf wider. »Wenn du irgendjemandem auch nur ein Wort davon sagst, bringe ich deine Eltern um.« Als endlich die Tränen kamen, biss ich, so fest ich nur konnte, in mein Kissen. Ich schluchzte stundenlang. Aber niemand hörte mein Weinen. Niemand war da, um mich zu trösten. Ich war ganz allein.

Ein neuer Tag. Ich zog die Vorhänge auf und sah hinaus. Die Welt war grau. Nicht blau. Nicht hell. Ein Samstagmorgen. Ich stand am oberen Treppenabsatz. Unten lief der Fernseher, der Duft von gebratenem Speck zog durch das Haus.

Als ich hinunterkam, ging die Haustür auf. Mein Vater. Er stolperte herein, das Gesicht von Qual verzerrt. Seine Stimme brach vor Emotionen, als er die furchtbaren, grauenhaften Worte sagte, die im Haus widerhallten: »Deine Schwester ist tot!«

Entsetzte Stille. Dann ein Geräusch, das ich im Laufe der Jahre viele Male gehört hatte, ein Geräusch wie kein anderes in der Welt: der gellende, unmenschliche Aufschrei einer Mutter, die gerade ein Kind verloren hat. Ein Schrei voller Liebe und unsäglichem Schmerz. Er echote von den Wänden zurück und traf mich wie ein körperlicher Schlag. In diesem Moment wusste ich, dass ich nie über den vergangenen Tag würde sprechen können. Schluchzen und Wehklagen und Weinen, und dieser erwachsene Mann, mein Vater – mein Held –, löste sich in Tränen auf. Er beachtete mich nicht, während er seine Frau tröstete. Hier war kein Raum für mich.

Ich wandte mich ab und schleppte mich den langen Weg zurück die Treppe hinauf. Meine Beine waren schwer wie Blei.

Das Schlafzimmer von Mum und Dad. Und da lagen Mums

Schmerztabletten. Die Tabletten, die sie nahm, um ihre Rückenschmerzen wenigstens so weit zu bekämpfen, dass sie leben konnte. Schnell! Ein Blister. Zurück in meinem Zimmer schluckte ich eine Handvoll Tabletten. Ich legte mich hin und eine große Ruhe überkam mich. Es fühlte sich an, als würde ich auf einer Wolke schweben, als hätten Engel mich in die Lüfte gehoben! Ich sah wieder Farben. Ich war in Sicherheit, mir war warm. Als ich dort so lag, schien es, als würde sich mein Bett an meinen Körper schmiegen, um mich zu trösten. Vielleicht hatte ich Gott gefunden! Ich trieb einfach weg. Da war kein Schmerz. Die Realität war wie weggewischt. Und darin fand ich Frieden.

»Gott, hilf mir«, schrie ich. »Wenn es dich gibt, dann hilf mir!«

Dann ein furchtbarer, furchtbarer Fall, als würde ich vom Himmel geworfen und hart auf meinem Bett landen. Ein brutaler Absturz. Das war kein Traum. Der Albtraum war real, und er fing gerade erst an …

An diesem Tag wurde ich drogenabhängig. Ich jagte dem Frieden nach – ich suchte etwas, irgendetwas, das mich aus der Realität und dem Schmerz darüber, wer ich war, herausholte.

»Gott, hilf mir«, schrie ich. »Wenn es dich gibt, dann hilf mir!«

Die Antwort kam sofort.

Stille.

Mein Gott war eine Droge – eine Tablette, Alkohol oder auch Klebstoff –, während ich die verschiedenen Stufen meiner Abhängigkeit durchlief. Der kleine Junge mit der Brille existierte nicht mehr. Das kleine Kind mit dem Fünfzigcentstück, das es so fest gehalten hatte, gab es nicht mehr. Ich sah auf das Loch in meiner Hand und spürte den Schmerz.

Aber ich hatte keine Angst mehr. Niemand würde mich je wieder verletzen.

2

Der Absturz

Die Vorhänge im Wohnzimmer waren geschlossen. Es war sehr kalt, weil die Heizung abgestellt war, und uns wurde gesagt, dass wir nicht hineingehen sollten. Durch die Ornamentglastüren, die das Wohnzimmer vom Esszimmer trennten, sahen wir schwaches Licht.

Ein Klopfen an der Tür und sie brachten sie herein. Ann. Meine schöne Schwester in einer Kiste. Schemenhafte Figuren nahmen den Deckel ab und stellten ihn in eine Ecke.

Ich hatte immer noch keine Tränen. Ich sah meine Mutter an und entdeckte etwas in ihren Augen, das neu war. Sie wusste nicht, was sie denken, was sie sagen, wer sie sein – *was* sie sein sollte. Sie war wie betäubt. Mein Vater war völlig verwirrt, aber er eilte umher und versuchte, die Menschen zu trösten. Mir fiel auf, dass wir nicht so eng zusammensaßen wie sonst. Meine Schwestern waren da, aber sie grenzten sich voneinander ab. Eine saß auf dem Boden, eine auf dem Hocker, meine Mutter auf dem Sofa, mein Vater auf einem Stuhl. Zwischen uns allen war Abstand. Und dieser Abstand sollte uns für eine lange Zeit begleiten.

Mein Vater schob die Türen auf und ging ins Wohnzimmer. Er hatte ein paar Rosenkranzperlen in der Hand, beugte sich über den Sarg und sprach Worte, die ich nicht verstand. Als er herauskam, ging meine Mutter hinein. Und sagte nichts.

Dann kam sie zu mir und nahm mich bei der Hand. Zögerlich, aber neugierig folgte ich ihr. Ich sah in den Sarg … da lag meine Schwester, aber sie sah nicht aus wie meine Schwester. Ihr Gesicht war nicht mehr dasselbe.

Später sagte ich zu meinem Vater: »Das ist sie nicht.«

»Sie ist es, Sohn.« Er legte seine Hand auf meine Schulter. »Sie ist es.«

Ich erinnere mich noch an die Ohrringe, die sie trug. Sie hingen golden glänzend herunter. Ihr Haar war nicht so, wie sie es immer getragen hatte. Ich wollte laut schreien! Ich wollte, dass wieder Leben in sie kam! Aber sie war nicht mehr da. Sie lag in diesem schönen Sarg, dessen Polsterung sich so weich anfühlte … Und auf dem Deckel ein Name und ein Datum in ein Messingschild eingraviert.

In mein Herz eingraviert.

An diesem Tag zerbrach etwas. Wir trauerten nicht zusammen als Familie – jeder schien seiner eigenen Wege zu gehen. Kurz danach lud mein Vater, der zu dieser Zeit ein guter Katholik war, die Menschen aus der Gemeinde ein. Sie gingen in diesen kalten Raum – Männer in Anzügen mit blank polierten Schuhen. Menschen, die ich nicht kannte und zuvor noch nie gesehen hatte, mit ernsten Gesichtern, gebeugten Köpfen und Rosenkränzen in der Hand. Sie stellten sich um den Sarg herum auf, stimmten einen seltsamen Singsang an und beteten zu einem Gott, der weit, weit weg war. Für mich hörte sich das nicht menschlich an. Es fühlte sich eher an, als wäre eine dämonische Macht in den Raum eingedrungen, die Leere verbreitete … Meine arme Mutter, die auf der anderen Seite der Glastüren saß, versuchte verzweifelt, die Fassung zu wahren, und wurde doch von Stunde zu Stunde verstörter.

Ich wollte, dass wieder Leben in sie kam! Aber sie war nicht mehr da.

Neben sich zwei kleine Kinder, um die sie sich kümmern musste – und ich. Verloren.

Schließlich wurde mir der Lärm zu viel und ich ging nach oben in mein Schlafzimmer. Ich saß auf meinem Bett, während der Gesang immer intensiver und lauter wurde, bis er fast hypnotisch war. Ich hatte das Gefühl, nicht atmen zu können, Panik stieg in mir auf… ich hielt es nicht mehr aus. In dem Versuch, dieser furchtbaren Szenerie zu entkommen, knallte ich mehrmals meinen Kopf gegen die Wand, aber anstatt dass der Gesang endlich aufhörte, schwoll er immer noch weiter an.

Im Zimmer nebenan waren Tabletten. Ich ging hinein. Wieder eine Handvoll. Der gewünschte Effekt trat ein… ich legte mich hin und wartete auf die Wärme. Ich ließ mich davon einhüllen und trieb einfach davon…

Die Gebete und der Lärm wurden leiser, als ich mich nach und nach beruhigte. In meiner Vorstellung sah ich mich lächeln. Ich fühlte mich wunderbar. Ich sah auf die Glühlampe, deren Licht plötzlich die Farbe wechselte und das ganze Spektrum des Regenbogens durchlief! Ich verspürte große Freude, als ich schließlich in einen warmen, tiefen, angenehmen Schlaf fiel.

Ich schlief, bis eine meiner Schwestern in mein Zimmer kam und mich weckte. Eine der jüngeren.

»Du bist nicht tot, Mick, oder?«

»Nein, meine Liebe. Ich ruhe mich nur aus.«

Es war, als wüsste sie es. Sie *wusste* es. Als sie den Raum verließ, fragte ich mich, ob es vielleicht wirklich eine gute Idee wäre, wenn ich auch sterben würde… Wie würde ich das anstellen? Konnte man vielleicht wahren Frieden finden, indem man richtig viel

Schmerzmittel nahm und sich dann einfach schlafen legte? Alles war besser als dieser Schmerz.

Aber etwas in mir wollte einfach nicht mitmachen.

Ich versuchte, mir die Tabletten möglichst gut einzuteilen. Ich wusste, dass man mich am Ende erwischen würde. Dennoch hoffte ich, dass meine Mutter einfach glauben würde, sie hätte sie verloren, weil sie gerade nicht wirklich darauf achtete. Manipulation und Täuschung – eine Kunst, die ich bald bestens beherrschte.

Der Gesang hatte aufgehört und die ernst dreinblickenden Männer mit den Anzügen und glänzenden Schuhen waren gegangen. Ich ging hinunter und fand meinen Vater und meinen Onkel, die neben dem Sarg saßen. Sie tranken Jamesons Irish Whisky, als wären wir traditionelle Iren. Dad bot mir auch ein Glas an, und während er es mir einschenkte, sagte mein Onkel: »Nimm einen Schluck, Junge. Mische nichts hinein. Trink ihn pur.« Ich hob das Glas an die Lippen. Mein Körper schüttelte sich ein wenig. Und es schmeckte … widerlich! Es schmeckte furchtbar! Aber auf dem Weg in meinen Magen linderte es das schmerzhafte Gefühl in meiner Kehle. Und ich konnte die Wärme spüren.

An diesem Abend lernte ich, meinen Schmerz mit Alkohol zu betäuben.

An diesem Abend lernte ich, meinen Schmerz mit Alkohol zu betäuben. Das sollte mein Leben für die nächsten dreißig Jahre auf übelste Weise prägen.

Das schwarze Auto fuhr vor. Menschen säumten die Straße. Die Männer nahmen ihren Hut ab, als wir vorbeifuhren. Und im Inneren des Autos der wunderbare Geruch der cremefarbenen Lederausstattung, das Gefühl der Mahagoniverkleidung unter meinen

Fingern … Ich sog alles, wirklich alles auf, was mich von der Realität des aktuellen Geschehens ablenkte.

Eine weitere Menschenmenge, als wir die Kirche betraten und in den Gang hinter dem Sarg entlanggingen. Wir standen im Zentrum der Aufmerksamkeit, die ganze Gemeinde blickte uns an, als wären wir … Fernsehstars! Ich hasste es. Ich wandte meinen Blick ab und schaute hinauf zu der hohen Decke mit ihren seltsamen Symbolen. Ich sah auf den Priester, der in seinem feinen, farbenfrohen Gewand vor etwas stand, das aussah wie ein kleines Haus – ein Tabernakel –, und den Gottesdienst abhielt. Er sprach über meine Schwester, obwohl er sie gar nicht gekannt hatte. Jemand las einen kurzen Text aus der Bibel vor, den keiner von uns verstand. Und dann sangen sie ein Lied: »Ich habe dich bei deinem Namen gerufen, du bist mein. Fürchte dich nicht!« Ich sah mich um. Den Menschen liefen die Tränen über die Wangen. Ich weinte nicht. Ich hatte keine Tränen mehr.

Ich sah den Priester an und hätte ihn am liebsten angespuckt. Ein Blick auf meine Mutter und meinen Vater rief nichts als Verachtung in mir hervor. Ich hasste jeden einzelnen Menschen in dieser vollgestopften Kirche. Die Kraft dieses Gefühls war enorm. In diesem Moment begriff ich, dass Drogen, Alkohol und Hass bereits zu engen Freunden von mir geworden waren. An den Tagen, an denen ich keinen Alkohol oder irgendwelche Drogen zu mir nahm, war ich immer voller Zorn, und dieser spendete mir Trost.

Ich weinte nicht. Ich hatte keine Tränen mehr.

Später standen wir am Grab und sahen zu, wie sie meine Schwester in der Kiste in ein Loch im Boden hinabließen. Die Menschen warfen Erde hinein, weinten und seufzten, während ich in meinen Gedanken wild um mich schlug und trat …

Ich verließ den Friedhof als ein anderer Mensch. Meine Trauer war vorüber. Der kleine Junge war mit seiner Schwester begraben worden, und ich traf eine Entscheidung: Ich würde zerstören und verwüsten. Ich würde Amok laufen. Ich würde mein Leben der bösen Seite übergeben. Als wir in dem Auto nach Hause fuhren, lächelte ich.

Zu Hause. Ich rannte nach oben, um mir die grässlichen Kleider samt Krawatte vom Leib zu reißen. Sie erinnerten mich an die vergangene Woche, die ich hatte durchleben müssen und die ich zutiefst gehasst hatte. Es war nichts Sanftes mehr in mir. Ich drehte mich zum Spiegel und sah mein Gesicht. Und als ich diesmal lächelte, war etwas anders … plötzlich ähnelte ich dem Mann, der mich verletzt hatte. Meine Augen waren schwarz und ich fing an zu lachen. »Ha, ha, ha, ha, ha!«

Ich verließ den Friedhof als ein anderer Mensch. Meine Trauer war vorüber. Der kleine Junge war mit seiner Schwester begraben worden.

Wenn du weiterliest, wirst du einer Geschichte voller Bosheit, Frustration und Täuschung begegnen … und einem Absturz – einem Absturz, der so tief war, dass ich in dieser psychiatrischen Klinik landete und mich fragte, warum und wie es dazu gekommen war. Doch für den Moment hatte ich eine Mission. Und meine Mission war es, zu zerstören und zu nehmen.

In den nächsten Wochen übte ich mich darin, aus den Taschen einer Jacke, die ich über einen Stuhl in meinem Schlafzimmer gehängt hatte, einen Geldbeutel zu stehlen. Ich dachte darüber nach, wie ich in einem Laden etwas mitgehen lassen konnte. Ich würde hineingehen und die Sekunden zählen, die der Ladenbesitzer brauchte, um nach vorn zu kommen. Dementsprechend würde ich mir einen Plan zurechtlegen, ihn ausarbeiten und ihn dann ausführen. Niemand wusste davon. Ich hatte eine Geheimwaffe, die mir große Kraft verlieh: Ich war *gut* darin, schlecht zu sein. Als ich dreizehn Jahre alt war, besaß ich viel Geld. Ich kaufte Geschenke für meine Freunde, erzählte aber nie jemandem, wie ich das Geld dafür beschafft hatte. Es war mein Geheimnis.

Rückblickend ist mir klar, dass ich irgendwann im Lauf der zwölf Monate nach dem Tod meiner Schwester in eine Fantasiewelt abgetaucht war. Mein Verstand hatte etwas erschaffen, das nicht real war. Ich weiß noch, wie ich *Der Pate* im Fernsehen sah und fasziniert von diesem Film war. Ich wusste, dass auch ich in der Lage war, andere zu verletzen.

Meine erste Gewalttat beging ich direkt vor den Toren der Schule. Der andere Junge war größer und älter als ich und fing an, mich zu schubsen und zu stoßen. Aber ich hatte etwas, das er nicht hatte. Ich hatte einen Geist des Todes tief in mir. Ich spürte, wie er aus meiner Magengrube in meine Arme und Fäuste strömte, und dann waren da nur noch Schwärze und Finsternis, während ich immer schneller auf ihn einschlug. Irgendwann war ich voller Blut. Aber es war nicht meines. Leute zogen mich weg, Mädchen riefen: »Hör auf, Mick! Hör auf! Hör auf! Das ist genug!«

Nichts würde mir jetzt noch etwas anhaben können. Nichts würde mich jemals stoppen.

Aber es war nicht genug. Es war nie genug für mich. Er würde nicht wieder aufstehen. Als ich ihm ins Gesicht trat, drehten sich die Menschen weg. Die Rufe, mit denen sie mich zum Kampf angefeuert hatten, waren längst verstummt. Ich war zu weit gegangen. Aber ich liebte es. Meine Nackenhaare sträubten sich. Ich *liebte* es! Es war wie eine Droge – es gab mir das Gefühl, unantastbar zu sein. Ich leckte an meinen Händen, schmeckte das Blut und mir war, als hätte ich einen Pakt mit dem Teufel geschlossen. Nichts würde mir jetzt noch etwas anhaben können. Nichts würde mich jemals stoppen.

Die Menschen wurden auf mich aufmerksam. Ich trat in ein neues Leben ein. Eine neue Welt. Ein neuer Anfang.

3

Eine neue Welt

Die Schwester mit den rubinroten Lippen streckte ihren Kopf zur Tür herein.

»Komm, Mick! Ich zeige dir, wo du Tee und Kaffee findest. Du kannst dich selbst bedienen.«

Ich folgte ihr, und mir fiel auf, dass sie sehr attraktiv war. Sie lächelte, sie strahlte Empathie aus und sie mochte mich, obwohl es keine sexuellen Gefühle zwischen uns gab. *Was für eine dumme Frau du doch bist,* dachte ich. *Wenn du mir zu nahe kommst, werde ich dich fertigmachen.*

Sie zeigte mir, wo der Wasserkocher für Tee und Kaffee stand – ich konnte mir jederzeit eine Tasse aufbrühen, wenn ich wollte. Nachdem sie mich an dem Tresen allein gelassen hatte, sah ich mich um. An verschiedenen Tischen saßen Menschen, ruhig und zurückgezogen, mit hängendem Kopf – Menschen, die krank waren. Aber so war ich nicht, oder? Ich war keiner von ihnen.

Wir befanden uns im dritten Stock, und durch das Fenster konnte ich über die Stadt hinwegsehen. Das war meine Welt dort draußen. Aber ich war hier drin.

Während ich mir einen Kaffee machte, kehrte mein rebellischer Zug zurück – ich spürte regelrecht, wie er in mir aufstieg. Meine Finger begannen zu kribbeln, mein Verstand raste. Das Gefühl in meinem Magen war unbestimmt, aber schön! Voller Erwartung, als würde gleich etwas passieren. Mein Blick fiel auf die grünen Tütchen mit Kaffeepulver. Niemand sah in meine Richtung. Ich nahm mir eine Handvoll davon aus dem Glas, stopfte sie in meine Tasche und trat den Rückzug an. Zurück in mein Zimmer.

Mir war ein Gedanke gekommen. Ich riss die Kaffeetütchen auf und schüttete ihren Inhalt auf meinen Nachttisch. Dann fischte ich in meiner Brieftasche nach einer Karte, um die kleinen Bröckchen zu zerstoßen, und schob das Pulver wie Kokain in Linien. Ich nahm meine letzte Fünf-Pfund-Note und rollte sie zusammen. Meine Aufregung wuchs, ich spürte das Adrenalin in meinem Magen. Ich war zurück! Ich erhob mich über all die Probleme, all die Dinge, die mich heruntergezogen hatten. Ich konnte noch mal ganz von vorn anfangen. Ich fühlte mich erfrischt, wie neu.

Meine Hände zitterten und ein kleiner Schweißtropfen fiel auf den Nachttisch, als ich die Pfundnote an meine Nase führte und schniefte. Eine Linie. Das andere Nasenloch. Eine weitere Linie. Dann einen Moment Pause … und ja! Ich war mir sicher, dass ich etwas spürte … ganz sicher! Und gerade als ich mich wieder hinunterbeugte, um die dritte Linie zu schniefen, kamen rubinrote Lippen in den Raum.

Ihre sanften, braunen Augen sahen mich an wie eine Mutter ein unartiges Kind. »Mick, was tust du da?«

»Ich brauche einfach etwas, das mich hier herausholt. Ich brauche Drogen – du gibst mir ja nichts!«

»Mick, das ist koffeinfreier Kaffee!«

Ihre rubinroten Lippen kräuselten sich und auch ich lächelte zum ersten Mal. Wir lachten zusammen.

»Wirf das weg, Mick. Es ist zum Trinken, nicht, um es sich durch die Nase zu ziehen.«

An diesem Morgen verlor ich etwas. Dieser mächtige Mann, der immer eine so hohe Meinung von sich gehabt hatte, saß in einer psychiatrischen Klinik auf einem Bett, zog sich entkoffeinierten Kaffee durch die Nase und glaubte, er hätte es noch drauf. Langsam drang die Realität, wo ich mich befand und was aus mir geworden war, in mein Bewusstsein. Ich hatte Angst. Und wenn ich Angst verspüre, werde ich gefährlich.

Ich ging aus dem Zimmer und sah mich um. *Ja,* dachte ich, *ich könnte es hier mit jedem aufnehmen.* Ich checkte das Personal – *ja, auch mit ihnen.* Aber ich fühlte mich unwohl. Beim Mittagessen stahl ich ein Messer und versteckte es unter meinem Bett. Es war ein Buttermesser. In diesem Moment dachte ich nicht daran, dass ich ja keine Möglichkeit hatte, es zu schärfen. Man kann andere Menschen definitiv nicht zu Tode buttern! Deshalb war diese Aktion völlig sinnlos. Außerdem fanden sie es sowieso, als sie mein Zimmer durchsuchten.

An diesem Morgen verlor ich etwas.

Diese Episode bestätigte nicht nur die Tatsache, dass ich krank war, sondern auch eine Bedrohung darstellte. Nachdem ich jahrelang Waffen getragen hatte, fühlte ich mich nackt, wenn ich nicht ein Messer, eine Pistole oder irgendetwas dergleichen bei mir hatte. In einem Augenblick des Irrsinns brach ich eine Kreditkarte in zwei Hälften und schärfte die Bruchkanten, wann immer ich konnte. Ich versteckte sie in meiner Socke. Wenn es nötig sein sollte, würde ich jemandem damit eine Schnittwunde verpassen können. Dadurch fühlte ich mich sicherer. Schließlich war ich hier unter Menschen, die nicht ganz richtig im Kopf waren. Im Gegensatz zu mir …

»Zeit für deine Medizin.«

Das dürfte interessant werden! Welche Köstlichkeiten hatten sie wohl im Angebot? Ich mochte die verschiedenfarbigen Pillen und Säfte, die sie verteilten. Und natürlich bekam ich einen Schluck von einer grünen Flüssigkeit. Ich konnte es kaum erwarten … Ich legte mich auf mein Bett und die Welt versank wieder einmal im Nebel. Ich schlüpfte aus meinem Körper, ließ mich hoch oben auf den Wolken treiben und stellte mir vor, wie ich in einen Regenbogen eingehüllt und getröstet wurde, mich frei fühlte … Diese wunderbare Ruhe fühlte sich fast an, als würde ich in reiner Liebe baden. Aber es war nicht real. Ich wusste, dass ich am nächsten Morgen aufwachen würde und mich der Welt stellen musste, wie sie wirklich war.

Ich wusste, dass ich am nächsten Morgen aufwachen würde und mich der Welt stellen musste, wie sie wirklich war.

Ich bekam die perlweißen Zähne und die rubinroten Lippen nicht aus dem Kopf. Es war kein sexuelles Interesse, ihre Augen hatten einfach etwas Besonderes. Sie war eine Frau, die sich wirklich um andere sorgte. Aber warum sollte sie sich um jemanden wie mich sorgen? Ich war verwirrt, als ich in einen tiefen Schlaf hinüberglitt. Morgen war auch noch ein Tag, um über mein Leben nachzudenken. Ein weiterer Tag in einer psychiatrischen Klinik mit Menschen, die, wie mir langsam klar wurde, genauso waren wie ich.

Verloren.

Ich saß allein mit einer Tasse Kaffee auf der Station. Um mich herum waren überall Menschen, aber mein Verhalten schüchterte sie ein. Ich war so neidisch auf die Patienten, die Besuch bekamen. Niemand war gekommen, um mich zu sehen. Ich hatte alle Brücken abgebrochen – die zu meinen Kindern, zu meiner Frau, zu meinem Vater und meinen Schwestern und sogar zu meinen Freunden. Dann sah ich in einer Ecke einen seltsam aussehenden älteren

Herrn. Er war so ein *Lächler.* Er schien nicht eingeschüchtert zu sein. Er war sehr klein, ich hätte ihn mit einer Hand zerquetschen können. Aber er fürchtete sich nicht.

Als er zu mir herüberschlurfte, sah ich, dass die Schnürsenkel seiner braunen Schuhe perfekt gebunden waren, beide auf exakt dieselbe Weise. Sehr smart. Er trug eine Anzughose und ein Sakko. Alte Schule.

»Wie heißt du?«

»Mick. Wenn das eine Rolle spielt.«

»Nun, das spielt sicher eine Rolle, junger Mann, es spielt sicher eine Rolle. Ich bin Arthur.«

»Freut mich, dich kennenzulernen, Arthur. Ich habe nichts zu sagen, Arthur, wirklich nicht.«

»Kann ich mit dir reden?«

»Kannst du, Arthur. Wenn du musst.«

Arthur war die Art von Mensch, die ich nie verstanden hatte. Er verbrachte seine freie Zeit damit, in Krankenhäuser zu gehen und mit Menschen zu sprechen, die keinen Besuch bekamen: den Traurigen, den Einsamen. Mit denen, die das Leben aufgegeben hatte.

Ja, es schien, als sei Arthur gekommen, um Menschen wie mich zu treffen. Das fühlte sich nicht besonders gut an.

Er griff mit der Hand in seine Tasche, und du wirst nicht glauben, was er zutage förderte: eine Tüte Toffees.

Meine Güte! Mitten in einer psychiatrischen Klinik saß ein alter Kerl mit Süßigkeiten vor mir an einem Tisch. Was in aller Welt sollte das bedeuten?

Aber er sagte nur: »Erzähl mir, was passiert ist. Wie bist du hierhergekommen?«

Ich sagte nichts und sah ihn nur an. Er schob seine Brille auf seinem Nasenrücken zurecht. Er wollte es wirklich wissen.

»Warte einen Moment«, sagte er. »Lass uns zuerst einen Kaffee holen.« Er zog los und kam mit zwei Tassen Kaffee zurück. Mit frischem Kaffee. Ich bin sicher, er war entkoffeiniert, aber wen kümmerte das? Er schmeckte wirklich gut.

»Erzähl es mir, mein Sohn, bitte. Ich muss es wissen.«

Ich sagte: »Arthur, ich erzähle dir etwas, wenn du mir auch etwas erzählst.« Ich dachte: *Ist er ein verdeckter Ermittler? Ist er von der Polizei?* Ich hatte die seltsame Vorstellung im Kopf, dass es sich bei den Menschen auf der Station, die weiße Sportschuhe trugen, um Undercover-Polizisten handeln müsse. Meine psychische Störung saß tief, meine Paranoia war massiv. Aber Arthur hatte schöne braune, glänzende Schuhe an, die exakt gleich geschnürt waren. Er konnte kein verdeckter Ermittler sein. Das überzeugte mich schließlich.

Er erzählte mir die Geschichte seines Sohnes, der sich das Leben genommen hatte. Ich glaube, er wollte weinen, aber es war so lange her ... Man sah die Fältchen um seine Augen. Er hatte bereits alle Tränen geweint, die er gehabt hatte. Aber vergessen hat er nie. Als wir dort saßen, war es fast so, als wäre ich Arthurs Sohn. Es fühlte sich an, als würde ein Vater zu mir sprechen. Tatsächlich hatte Arthur auch äußerlich große Ähnlichkeit mit meinem Vater.

Plötzlich erkannte ich, was ich getan hatte. Ich sah klar. Und ich wurde unendlich traurig.

Arthur hielt mir die weiße Tüte mit den Süßigkeiten hin. »Na, komm schon. Nimm gleich zwei, los, nimm zwei!«

Das tat ich. Eines für jetzt und eines für später. Letzteres steckte ich in meine Hemdtasche.

»Nun komm schon, Sohn. Pack aus. Wie kommt jemand wie du hierher? Was ist passiert?«

Die Geschichte, die ich gleich erzählen werde, rührt mich selbst zu Tränen. Es ist eine Geschichte der Zerstörung, und doch ist Liebe daraus entstanden. Sie hat mich in diese psychiatrische Klinik gebracht, markiert aber auch den Beginn einer Veränderung.

»Arthur, ich war kein sehr netter Mann, und ich bin es bis heute nicht. Mein Leben ist durch Sucht und Kriminalität zerstört worden, und ich habe so viele Menschen verletzt. Willst du wirklich hören, was ich zu sagen habe?«

»Ja, das will ich wirklich.«

Wir standen vom Tisch auf und setzten uns auf die bequemen Sofas, weit entfernt von allen anderen.

Und dann begann ich, meine Geschichte zu erzählen …

Es war noch früh am Morgen, als ich mit dem Auto unterwegs war. Ein Job. Schulden mussten eingetrieben werden. Menschen mussten bezahlen. Ich rauchte Crack, wie ich es immer tat, und nichts fühlte sich an diesem Tag anders an als sonst.

> Es ist eine Geschichte der Zerstörung, und doch ist Liebe daraus entstanden. Sie hat mich in diese psychiatrische Klinik gebracht, markiert aber auch den Beginn einer Veränderung.

Eine Pistole, die in einer Tüte verstaut war, ordentlich und fest eingewickelt. Auf meiner Tour war alles so wie immer, nichts wirklich neu. Manchmal ging es beim Schuldeneintreiben mehr um den Vorgang des Eintreibens als um die Schulden selbst. Der Stolz der Menschen lässt andere nicht einfach so davonkommen.

Meine Fahrt war kurz. Ich war allein. Ich wusste, wo ich hinmusste, und ich wusste genau, was ich tun würde.

Ich fuhr auf den Parkplatz vor einem Fitnessstudio. Ich konnte die Lichter drinnen sehen und die Geräusche hören: das Klappern von Hantelscheiben, das Dröhnen von schweren Gewichten, die auf den Boden fielen. Und ich wartete. Wartete geduldig. Noch eine Zigarette. Ich zündete sie an und blies den Rauch aus dem Fenster.

Ich dachte an meine Familie, fühlte aber nichts. Ich war sehr kaltherzig geworden. Sehr kaltherzig. Es schien, als hätte ich keinerlei Gefühle mehr. Und keine Angst.

Dann schwang die hellrote Tür auf und er kam heraus. Ich schnappte mir die Pistole und öffnete die Autotür, doch genau in diesem Moment wandte er sich um und ergriff die Hände von zwei kleinen Mädchen. Beide blond. Auf jeder Seite eines. Es war mir egal, interessierte mich nicht.

Ich ging auf sie zu, die Pistole in der Hand und Bosheit im Herzen, doch dann passierte etwas sehr Seltsames … Von den Händen der Kinder, die er hielt, ging plötzlich ein Glanz aus – eine solche Helligkeit! Das Licht schmerzte in meinen Augen, es blendete mich. Ich konnte nichts mehr sehen!

Zehn, vielleicht fünfzehn Sekunden lang.

Verheerende Sekunden.

Mir wurde übel. Ich taumelte zurück und legte eine Hand auf die Motorhaube, lehnte mich für einen Moment an den Kühler und holte tief Luft. Sie gingen an mir vorbei. Aber die Pistole! Sie konnten sie nicht sehen. Ich sprang wieder ins Auto, konnte nicht atmen. Meine Augen begannen zu tränen, es rann regelrecht Wasser raus, und ich begann zu schwitzen. Mein Herz schlug schneller und schneller und schneller und mir wurde schlecht. Ich spürte, wie sich mir der Magen umdrehte. Ich spuckte Blut. Es war überall im Auto und auf meinen Kleidern. Ich sah aus, als hätte mir jemand ein Messer in den Körper gerammt oder als sei ich in ein Massaker geraten. Überall war Blut und Rotz und … Tränen, ja, vielleicht sogar Tränen.

Ich hatte keine Ahnung, was hier vor sich ging.

Ich warf die Pistole auf den Beifahrersitz und sagte mir: »Immer schön langsam, Michael. Fahre ordentlich und langsam, als sei alles in Ordnung. Befolge jede Regel und breche kein Gesetz.«

Also fuhr ich langsam los, aber mein Herz schlug wie wild und in meinem Kopf drehte sich alles. Was in aller Welt passierte gerade mit mir? Ich bog in ein kleines Industriegebiet ab und fuhr an den Straßenrand. Es war niemand zu sehen. Alles war still, nur das Radio lief. Und was für ein Lied spielten sie? Johnny Cash, *The Man in Black*. Genau das war ich: ein Mann in Schwarz. Ohne Güte, Respekt oder Anstand.

An diesem Tag betete ich. Ich schrie zu Gott: »Gott, wenn es dich gibt, solltest du mir jetzt lieber helfen!« Es war mehr eine Forderung als ein Gebet. Und das Gebet wurde schnell beantwortet …

Stille.

Absolute Stille.

Ich schlug auf das Autoradio ein, begann, gegen das Lenkrad zu schlagen und meinen Kopf dagegen zu rammen. Blut tropfte von meiner Hand. In meinem Kopf ging es drunter und drüber, meine Gedanken rasten schneller und schneller … Meine Atmung wurde immer flacher und ich hatte das Gefühl, eine Panikattacke zu bekommen. Ich hatte kein Crack mehr dabei, aber ich hatte Wodka. Ich schraubte den Deckel auf, während Blut auf die Flasche tropfte. Ich nippte daran, dann nahm ich einen großen Schluck, und schließlich kippte ich den Wodka, so schnell ich konnte, in mich hinein. Dieses brennende Gefühl, dieses schöne brennende Gefühl … ahhhh.

Aber es funktionierte nicht. Der Alkohol beruhigte mich nicht, und jetzt hatte ich es satt. Ich hatte einfach genug. Selbst ein liebender Gott konnte die Unliebsamen nicht lieben! Im nächsten Moment griff ich zur Pistole …

Ich legte die Mündung unter mein Kinn.

Und drückte den Abzug.

Eine Sekunde tödlicher Stille.

Sie funktionierte nicht.

Ich ließ die Pistole auf den Boden fallen und begann zu weinen. Ich hatte dreißig Jahre lang nicht mehr richtig geweint, und mein Körper war völlig zerstört. Es fühlte sich an, als könnte ich nie wieder aufhören. Gab es einen Gott? Hatte er mein Gebet gerade erhört? Ich kannte diese Pistole. Sie versagte nie. Unmöglich! Die Machart der Waffe ließ das nicht zu.

Das *musste* ein Wunder sein.

Ich sah mich im Auto um, fand ein paar Pfefferminzdrops und steckte mir eines davon in den Mund, aber ich schmeckte es kaum. Pfefferminz, Wodka und Blut vermischten sich.

Was war hier gerade passiert? Was war mit mir passiert? War dieser Gott real? Scheinbar war er doch nicht so weit entfernt ...

Ich fuhr los und wusste, dass ich die Pistole und das Auto auf die übliche Art und Weise loswerden musste. Aber bevor ich die Pistole wieder einpackte, feuerte ich sie dreimal auf einem Acker ab. Sie versagte nicht. War von den Händen der Kinder wirklich ein Licht ausgegangen? War das tatsächlich ein Wunder gewesen? Liebte Gott *sogar mich?*

Ich wünschte, ich könnte jetzt sagen, dass ich nach diesem Erlebnis nie wieder Drogen genommen, nie wieder getrunken habe. Doch so war es nicht. Noch am selben Tag rauchte ich Crack und trank noch mehr Wodka. Später allerdings, als ich wieder in meiner Wohnung war, schien sich in meinem Kopf, in meinem Denken irgendetwas verändert zu haben. Als ich am nächsten Morgen das Haus verließ, atmete ich tief ein, blickte die lange Asphaltstraße hinunter und hoffte auf eine Zukunft.

Gab es einen Gott? Hatte er mein Gebet gerade erhört?

Dann schlugen sie zu!

Polizisten aus allen Richtungen.

Sie warfen mich zu Boden, legten mir Handschellen an und schleppten mich weg. Ein Kampf, eine Zelle und dann ein Vernehmungsraum. Sie stellten mir viele Fragen, auf die ich völlig unsinnige Antworten gab. Sie fragten mich nach kriminellen Taten, ich sprach über Würste. Sie fragten mich nach Feuerwaffen, ich redete über Goldfische. Sie würden mich nicht zu Fall bringen können, wenn ich verrückt wäre. *War* ich verrückt oder tat ich nur so? Ich wusste es nicht, aber ich würde ihnen ganz sicher nichts erzählen. Und schon gar nicht dem Kriminalbeamten mit seinen weißen Sportschuhen.

Dann änderte sich der Ton der Unterhaltung.

»Möchtest du eine Tasse Kaffee, Michael?«

»Ich heiße Mick.«

»Möchtest du eine Tasse Kaffee, Mick?«

»Danke. Ja.«

»Möchtest du eine Zigarette?«

Moment mal! Guter Bulle, böser Bulle – sie hielten mich wohl für dumm.

»Na komm, wir bringen dich hinaus, damit du eine Zigarette rauchen kannst.«

Und das taten sie.

Und wieder zurück. Noch mehr Fragen. Noch mehr verrückte Antworten.

»Wo warst du letzten Donnerstag?«

»Glaubt ihr, dass es auf dem Planeten Jupiter Giraffen gibt?« Das war nicht das, was sie hören wollten.

Langsam, aber sicher spürte ich, dass hier etwas Ungewöhnliches vor sich ging. Warum hatten sie ihre Taktik gewechselt? Ich war schon oft von der Polizei verhört worden, aber noch nie auf diese Weise.

Sie ließen mich allein. Als sie zurückkamen, hatten sie einen Arzt dabei. Für den Arzt und die Polizisten war schnell klar, dass ich Hilfe brauchte. Ich stellte eine Gefahr dar: für die Öffentlichkeit und für mich selbst.

Die Polizisten waren freundlich, als sie mir in ein schönes, komfortables Auto halfen. Sie waren zu dritt: Einer fuhr und die beiden anderen saßen mit mir hinten auf der Rückbank. Während der Fahrt unterhielten sie sich über das, was sie am Abend zuvor gemacht hatten, über ihre Kinder – über das Leben! Ich war unsichtbar. Ich war einfach nicht anwesend. Ein sehr seltsames Gefühl.

Als wir beim Krankenhaus ankamen, ließen sie mich aussteigen. Einer von ihnen blieb im Auto sitzen, die beiden anderen nahmen mich in ihre Mitte und begleiteten mich zur Tür. Und in diesem Moment bekam ich Angst.

»Kann ich eine Zigarette haben, bevor wir hineingehen?

»Wir haben nicht die Zeit dafür, Mick.«

»Dann gehe ich nicht hinein.«

Ich rauchte diese letzte Zigarette. Ich wusste, dass ich nicht weglaufen und mich nirgends verstecken konnte.

Was würde jetzt aus mir werden?

»Siehst du, Arthur, ich war schon immer schlecht.«

Arthur sah mich mit einem seltsamen Gesichtsausdruck an, und als ich mich ihm zuwandte, sah ich, dass er eine Träne im Augenwinkel hatte. Er beugte sich zu mir herüber und berührte meine Hand. Er hielt sie nicht fest, legte nur seine Hand auf meine.

»Weißt du, Mick, Gott ist bei dir. Und er hat große Pläne für dich.«

Ich spürte die Wirkung dessen, was er gesagt hatte. Ich wollte nicht, dass es wahr war, aber ich *spürte* es.

»Er hat *große* Pläne für dich, Mick.«

»Danke.«

Als Arthur aufstand und wegschlurfte, fragte ich mich: Gab es wirklich einen Gott? Hatte er *tatsächlich* Pläne – für mich? Wie konnte das sein, bei all dem, was ich getan hatte?

Ich sah mich auf der Station um, und zum ersten Mal seit vielen Jahren sah ich die Menschen wirklich. In einer Ecke saß ein junger Kerl mit rasiertem Kopf. Er sah schlecht aus. Seine Mutter neben ihm schien niedergedrückt, sogar verzweifelt zu sein. Ich sah nach links, und dort war ein weiterer junger Kerl mit lockigem Haar, der offensichtlich in seiner eigenen Welt lebte. Sein Körper war anwesend, aber sein Geist nicht. Zu meiner Rechten sah ich einen Mann, etwa in meinem Alter, mit grauem Haar. Er zitterte. Ich wusste sofort, dass er Alkoholiker war. Ich sah es ihm einfach an und fühlte mich mit ihm verbunden.

Weißt du, Mick,
Gott ist bei dir.
Und er hat große
Pläne für dich.

Vielleicht gab es Hoffnung?

Vielleicht war dies der Ort, an dem ich sein sollte?

4

Das Trio

Der Abend kam und es herrschte großer Lärm. Klingeln und Summer ertönten. Das Abendessen wurde bereitgestellt, der Geruch von Fisch und Pommes frites hing in der Luft. Einige kamen vom Zigarettenrauchen zurück, mich ließen sie jedoch nicht hinaus.

Mein alter rebellischer Zug, der mich einfach nicht verlassen wollte, flammte wieder in mir auf. Allerdings hatte ich sowieso keine Zigaretten.

In der Ecke – immer in der Ecke, warum immer in der Ecke? – saß eine dieser Personen, von der man weiß – man weiß es einfach –, dass sie es *weiß*.

Ich trank einen Schluck Kaffee und stellte Augenkontakt her. Graues Haar. Etwas in seinem Gesicht, irgendetwas in seinen Zügen schrie mir entgegen: *Ich bin wie du.*

Ein teures Hemd mit einem schön gestärkten Kragen. Die zwei oberen Knöpfe standen offen. Ein Kugelschreiber in der Brusttasche. Händeschütteln – ich kannte diesen Händedruck, ich kannte ihn gut. Er setzte sich und fing an zu reden. Wie ich war er Alkoholiker. Ein Abhängiger. Wir verstanden einander.

»Brauchst du eine Kippe?«

»Ja, schon, aber sie lassen mich nicht hinausgehen.«

»Dann nimm die hier. Ich bin sicher, du weißt etwas mit ihnen anzufangen.«

Er drückte mir ein ganzes Päckchen Zigaretten in die Hand – umsonst! – und gab mir sein Feuerzeug.

Ab zur Toilette und ... aaahhh, diese Freude! Mir wurde ganz schwindlig, in meinem Kopf drehte sich alles und es war mir völlig egal, ob jemand den Rauch roch. Natürlich war das Rauchen auf der Station nicht erlaubt. Nicht mir, nicht Menschen wie uns. Aber wir nahmen, was wir an Vergnügungen kriegen konnten. Zwei Zigaretten später stank der ganze Raum.

Als ich die Toilette verließ, kam mir ein Krankenpfleger entgegen. Er baute sich vor mir auf. »Feuerzeug?«

Ich kam mir besonders witzig vor, als ich sagte: »Nein danke, ich brauche keins«, und an ihm vorbeiging. Wenn er versuchen sollte, mich zu stoppen, dann ... Dieses wunderbare alte Gefühl von Macht, von dem ich geglaubt hatte, es verloren zu haben, würde in mir aufsteigen und förmlich explodieren, wenn ich ihn von mir wegschubsen würde. Ich sah ihm an, dass er mir nicht gewachsen war. Er hatte keine Lust auf eine Auseinandersetzung. Und wich zurück.

Ich fühlte mich mit neuer Kraft erfüllt, und diese Kraft schien mit Adrenalin zu tun zu haben. Sie drängte mich förmlich dazu, alles zu zerstören, was sich mir in den Weg stellte. Doch wenn ich ihr nachgab, hasste ich mich hinterher jedes Mal, schließlich wollte ich kein Tyrann sein.

Ich setzte mich wieder. Die Stuhlbeine kratzten über den Boden, als ich meinen Stuhl näher zu dem Mann heranzog, der mir die Zigaretten gegeben hatte. »Wie lange bist du schon hier?«, fragte ich.

»Seit zwei Wochen. Ich bin Alkoholiker, weißt du.«

»Ja. Ich auch.«

»Wirklich? Du?«

Wir erzählten uns gegenseitig unsere Geschichte und tauschten uns aus.

Dann kam ein sehr besonderer Moment. Er sah mir direkt in die Augen. Ich sah die Linien unter seinen Augen – und die Tränensäcke. Seine Hände zitterten immer noch. Er öffnete den Mund und bewegte die Lippen, aber ich konnte nicht verstehen, was er sagte – es war, als sei mein Kopf unter Wasser. Es kamen Geräusche aus seinem Mund, doch sie drangen nicht zu mir durch …

»Er hat mich missbraucht. Das ging jahrelang so.«

Ich hörte diese Worte … *Ich hörte diese Worte* – und konnte es nicht fassen.

> Ich fühlte mich mit neuer Kraft erfüllt, und diese Kraft schien mit Adrenalin zu tun zu haben. Sie drängte mich förmlich dazu, alles zu zerstören, was sich mir in den Weg stellte.

Meine Ohren wurden geöffnet. Ein erwachsener Mann, ein Mann wie ich – und ihm war dasselbe passiert wie mir!

Ich stoppte ihn und sagte: »Erzähl mir das noch mal.«

Er schilderte mir die tragische Geschichte, wie sein Vater ihn auf furchtbarste Weise systematisch missbraucht hatte. Und ich dachte: *Niemand hat mir jemals so etwas erzählt. Ich habe immer geglaubt, ich sei der Einzige, dem so etwas passiert ist.*

Als er fortfuhr, fragte ich mich, ob es einen Ausweg geben könnte. Wir waren beide Opfer, aber gab es für uns vielleicht die Möglichkeit, über das, was uns passiert war, hinwegzukommen und schließlich zu Überlebenden zu werden?

Ich nahm einen weiteren Schluck von meinem Kaffee und merkte, wie mir die Tränen über das Gesicht liefen. Ich war so berührt und erschüttert von seiner Geschichte, dass ich sie kaum zurückhalten konnte.

»Und was ist mit dir, Mick?«

»Meine Geschichte ist dieselbe, nur nicht so schlimm.«

»Sag das nicht. Es ist immer schlimm, ob es nun einmal oder tausendmal passiert.«

»Ja, vielleicht, vielleicht …«

Er erzählte mir weiter von seinem Leben und was er jetzt tat. Es war, als hätte man ein Buch aufgeschlagen und die Seiten umgeblättert. Obwohl ich den Text nicht lesen konnte, konnte ich doch die Bilder sehen. Und die Bilder waren in Farbe und lebendig!

Er war ein Dieb gewesen. Ein Ladendieb. Aber nicht nur irgendein Ladendieb, er war ein *erfolgreicher* Ladendieb gewesen. Er war organisiert, er kleidete sich gut und beging Verbrechen …

Ich sabberte fast vor Begeisterung. Ich liebte es! Ich brauchte noch eine Zigarette. Konnte ich sie nicht einfach hier am Tisch rauchen? Ja, vielleicht würde ich das einfach machen!

Es war, als hätte man ein Buch aufgeschlagen und die Seiten umgeblättert. Obwohl ich den Text nicht lesen konnte, konnte ich doch die Bilder sehen.

»Nein, nein, nein, Mick. Geh lieber auf die Toilette.«

Also ging ich zur Toilette, rauchte eine Zigarette und kam wieder zurück. Mehr! Mehr! Die nächste Episode des Dramas, bitte!

Während er sprach und mir offenbarte, wer und was er war, fühlte ich eine Verbundenheit mit ihm, wie ich sie noch nie zuvor mit einem Menschen verspürt hatte.

Einige Tage später nahm ich einen Zehn-Pfund-Schein und riss ihn in zwei Hälften. Eine Hälfte gab ich ihm, die andere behielt ich. Ich wünschte, ich könnte dir in wenigen Sekunden erklären, warum ich das tat. Ich wollte einfach etwas mit ihm teilen, und das war das einzig Wertvolle, das ich besaß.

Ein halber Zehn-Pfund-Schein.

Der Preis einer Freundschaft.

Gut angelegtes Geld.

Von da an waren die Nächte auf der Station nie wieder dieselben. Es gab Gespräche, neue Kontakte und Menschen, die sich uns anschlossen … So lernten wir *ihn* kennen. Nun saßen wir zu dritt am Tisch. Das Trio war komplett.

Rasierter Kopf. Tattoos, aber keine sehr schönen – Buchstaben, Punkte und Symbole überall auf seinen Händen – und ein seltsamer Blick in seinen Augen. Sie waren dunkel, und dennoch tanzte Licht in ihnen.

Ab da setzten wir unsere Gespräche zu dritt fort – ein weiteres Opfer, wiederholt zum Opfer geworden, mehrere Opfer. Bei einem dieser Gespräche stand mein neuer Freund auf und schlug sieben- oder achtmal mit der Faust gegen die Wand. Dann kam er zurück und setzte sich wieder.

»Stirb! Das sagen meine Stimmen zu mir. Stirb! Als wollte mich irgendetwas gegen meinen Willen tot sehen.«

»Warum tust du das?«

»Die Stimmen sagen es mir. Wenn ich es tue, werden sie still, und wenn nicht, werden sie lauter. Hörst du auch Stimmen, Mick?«

Ich überlegte einen Moment. »Ja, tue ich.«

Mein anderer Freund fragte: »Und was sagen sie, Mick?«

Ich winkte sie näher an mich heran. Die Spannung war groß, fast greifbar … erwartungsvolle, ernste Gesichter.

»Was sagen sie, Mick? Sag es uns!«

Spontan sagte ich: »Stirb! Das sagen meine Stimmen zu mir. Stirb! Als wollte mich irgendetwas gegen meinen Willen tot sehen.«

Mein Freund mit dem Alkoholproblem sagte: »Ich denke das jeden Tag, allerdings höre ich es nicht.«

Nun fragte mein anderer Freund: »Sollen wir die Tische umkippen und die Stühle aus dem Fenster werfen?«

»Nein, nein, nein, ist okay, Bruder, ist okay. Bleib ruhig.«

»Ja, aber es wäre lustig!«

Ein Teil von mir wollte mitmachen, der andere Teil in mir wollte ihm aber *wirklich* helfen.

»Mick, warum trägst du eigentlich Hosen mit Löchern?«

»Weil ich keine anderen habe.«

Und dann geschah es: Meine neuen Freunde standen auf und kamen nach einer Weile mit Geschenken zurück. Neue Sportschuhe. Ein neuer Trainingsanzug. Ein bisschen Geld.

Mich überkam ein Gefühl, das ich nicht verstand. Mir war nach Weinen zumute, aber ich wusste, es würde nicht gut aussehen, wenn ich das tat. Warum gaben sie mir all diese Sachen? Ich hatte sie nicht bedroht, ich hatte sie nicht eingeschüchtert, ich hatte sie nicht gezwungen, irgendetwas zu tun.

Sie taten es einfach.

Sollte ich ihre Geschenke annehmen? Nun, sie trugen keine weißen Sportschuhe, sie waren also definitiv keine verdeckten Ermittler!

In Wahrheit waren wir drei Opfer, die an einem Tisch saßen und miteinander teilten, was wir waren und was wir hatten. Und als wir so offen miteinander sprachen, schien etwas zu passieren. Es war, als wären wir eins.

Wenn es einen Gott gab – und darüber dachte ich immer häufiger nach –, saß er mit uns an diesem Tisch. Denn als ich mich dort hingesetzt hatte, hatte ich nichts als alte, zerlumpte Kleider und ausgetretene Schuhe getragen. Als ich aber aufstand, besaß ich ein komplett neues Outfit!

Während der nächsten Tage dachte ich intensiv über meine neuen Freundschaften nach, was dazu führte, dass mir auch meine Beziehungen draußen – in der realen Welt – durch den Kopf gingen. Diese hier waren ganz anders. Zum ersten Mal in meinem Leben hatte ich das Gefühl dazuzupassen. Ich fühlte mich zugehörig, hatte endlich meine Leute gefunden. Was würde das ändern? Ich wusste es nicht. Ich wusste es wirklich nicht.

> In Wahrheit waren wir drei Opfer, die an einem Tisch saßen und miteinander teilten, was wir waren und was wir hatten.

Eines Tages, nicht lange nach dieser Begebenheit, ertönten wieder die Summer und der Alarm ging los, doch diesmal hörte ich auch Schreie und Lärm. Ich eilte hinaus und sah meinen Freund mit den Tattoos. Er zitterte. Da war kein Glanz in seinen Augen, keine Lichter, die darin tanzten. Er hatte sich überall Schnitte zugefügt: auf den Armen und sogar quer über seiner Kehle. Man sah, wie tief sie waren, überall war Blut, das zu Boden tropfte.

Es ging ihm wirklich sehr schlecht, er war richtig krank.

Er hatte angefangen, es mir gleichzutun, und begonnen, ein bisschen von sich zu erzählen.

Und er hatte mit den rubinroten Lippen gesprochen – und sie missverstanden. Er hatte geglaubt, dass sie ihn liebe, dass sie ihn von dort wegbringen und heiraten würde. Die Rasierklinge war sein einziger Ausweg gewesen.

Mein Herz wurde sehr schwer, obwohl ich ihn erst seit Kurzem kannte. Eigentlich war ich ein Mann, dem andere Menschen nicht gleichgültiger sein konnten, der kein Problem damit hatte, sie zu verletzen und ihnen Schaden zuzufügen, doch jetzt ging ich zurück in mein Bett und weinte. Ich würde ihn vermissen. Alles hatte sich wieder verändert.

Von den drei Opfern waren jetzt nur noch zwei übrig.

Mein alkoholkranker Freund war verzweifelt. Er bekam Medikamente, die das durch den Alkoholentzug verursachte Zittern stoppen sollten. Und ich brauchte einen Drink. Es gelang mir, jemanden dazu zu überreden, dass er mir Drogen – *irgendwelche* Drogen – und eine Flasche Gin besorgte.

Als er zurückkam, hatte er eine nette grüne Flasche dabei: Gin. Welche Drogen hatte er mir wohl besorgt?

Aaargh! Ein großer Batzen Amphetamin – absolut nicht meine bevorzugte Droge. Ich mochte das Gefühl nicht wirklich, aber na ja … Was wäre, wenn ich alles auf einmal nehmen und dann die Flasche Gin trinken würde? Was würde dann passieren? Würde das Bild der klaffenden Wunden meines Freundes mit all dem Blut aus meinem Kopf verschwinden? Würde es den Schmerz lindern? Falls ja, würde ich für den Rest meines Lebens Drogen nehmen und Alkohol trinken.

»Und Gott, wie findest du das?«

Keine Antwort.

Gott war immer auf unheimliche Weise ruhig, wenn ich schlimme Dinge tun wollte. Das war mir schon oft aufgefallen. Er sagte nie: »Mick, tu das nicht.« Er schien nie zu mir zu sprechen …

Gott war immer auf unheimliche Weise ruhig, wenn ich schlimme Dinge tun wollte.

Da mein Freund einen Drink brauchte, öffnete ich die Flasche und gab sie ihm zuerst, aber er trank nur zwei Schlucke und sagte: »Nein, ich will das nicht, Kumpel! Ich bin mitten in der Entgiftung, ich will das nicht tun. Es geht mir gut – ich möchte nicht mehr. Danke.«

Also schluckte ich eine sehr große Menge des Amphetamins und trank den Gin. Die ganze Flasche in einem Zug. Dann wartete ich.

Ich lag in meinem Zimmer, als mein Herz anfing zu rasen. Mir wurde schlecht. In meinem Kopf drehte sich alles, ich merkte, wie das Fieber stieg, spürte eine große Hitze und begann zu zittern.

Zehn Minuten … fünfzehn Minuten … eine Stunde. Ich konnte nicht aufstehen.

Einer der Krankenpfleger streckte seinen Kopf zur Tür herein. »Alles in Ordnung, Mick?«

»Ja … ja.«

Er musste wissen … er musste einfach *wissen*, was ich getan hatte. Sicher konnte es jeder sehen!

Ich konnte mich nicht bewegen. Ich war gefangen. Es fühlte sich an, als hätte mich jemand auf die Bettdecke geklebt. Ich betete: »Gott! Nimm dieses Gefühl weg – es ist grauenhaft!« Ich hatte mich noch nie so gefühlt, wenn ich Drogen genommen hatte. Nie wieder würde ich Amphetamine nehmen!

Aber die Qualen hörten nicht auf. Ich fühlte mich wirklich krank, und dieser Zustand hielt die ganze Nacht an.

Das war das letzte Mal, dass ich Alkohol getrunken oder Drogen genommen habe.

Das war das letzte Mal, dass ich Alkohol getrunken oder Drogen genommen habe. Beide Substanzen hatten weder meine Gefühle zum Schweigen bringen noch die Bilder der klaffenden Wunden und des Bluts vor meinem geistigen Auge auslöschen können.

Ich musste einen anderen Weg finden … einen anderen Weg zu leben.

Eines Nachts, ich war noch spät auf, traf ich auf einen jungen Mann in den Zwanzigern – einen sehr intelligenten und wirklich hübschen Kerl. Du weißt schon, so ein Typ, mit dem du deine Tochter bedenkenlos ausgehen lassen würdest.

»Warum bist du hier?«, fragte ich ihn.

»Ich will einfach nur sterben.«

»Warum?« Ich dachte: *Er ist so jung und sieht gut aus. Bei ihm müsste doch alles laufen wie geschmiert. Er macht nicht einmal den Eindruck, als ob er trinkt!* »Warum willst du sterben?«

»Ich will einfach Frieden, Kumpel.«

»Frieden vor was?«

Er erzählte mir, dass er Gras geraucht hatte – sehr viel Gras – und nun nicht mehr damit aufhören konnte. Am Anfang hatte er sich noch gut gefühlt, aber dann hatte sein Drogenkonsum zu einer psychischen Erkrankung geführt, die ihn in den Abgrund zog. Seine Gedanken waren so tiefgründig. Wir unterhielten uns bis in die frühen Morgenstunden, und mir wurde klar, dass seine Vorstellung vom Tod eine völlig andere war als meine. Er glaubte, der Tod müsse in etwa so sein, wie wenn man den Fernseher ausschaltete. Plötzlich wäre alles schwarz und es wäre einfach nichts mehr da.

Er sehnte sich nach dem Nichts.

Aber das war nicht das, was ich wollte, und es entsprach auch nicht dem, was ich tief in meinem Inneren dachte oder glaubte. Ich wollte Licht. Ich wollte wahres Licht. Ich wollte fühlen. Ich wollte gewärmt und getröstet werden. Ich wollte, dass all das zur Realität werden würde. Ich wollte nicht, dass das Licht ausging. Ich wollte ein neues Leben haben … ich wollte Frieden!

Ich wollte Licht. Ich wollte wahres Licht. Ich wollte fühlen. Ich wollte gewärmt und getröstet werden.

Im Laufe der nächsten Wochen unterhielten wir uns oft, und mir wurde klar, dass seine Sehnsucht nach dem Tod weitaus größer war, als meine je gewesen war. Er war verloren in der Dunkelheit, die seinen Kopf durchdrang und sein Denken fest im Griff hatte.

Eines Tages sah ich seinen Vater. Viele Jahre später würde uns das Leben durch eine seltsame Wendung wieder zusammenführen und wir würden Freunde werden. Heute arbeiten wir sogar zusammen in der *Church on the Street.* Doch damals versuchte er einfach nur verzweifelt, seinem geliebten Sohn zu helfen und nicht an seinem Gefühl der Machtlosigkeit zu zerbrechen.

Der Junge erzählte mir, dass er im Krankenhaus war, weil er mehrmals versucht hatte, sich umzubringen. Immer und immer und immer wieder. So stark war sein Verlangen nach der Dunkelheit. Ich versuchte, ihn davon zu überzeugen, dass das Licht besser war als die Dunkelheit, denn wenn man Licht hat, gibt es keine Dunkelheit.

»Die Dunkelheit kommt in der Nacht«, sagte er. »Schalte den Fernseher aus und dann ist da nichts als Stille … Leere.«

»Was ist, wenn du dich irrst?«

»Ich irre mich nicht.«

Sechs Monate nachdem wir beide die psychiatrische Abteilung verlassen hatten, nahm sich dieser wunderbare, hochintelligente junge Mann das Leben. All meine Worte, meine Hoffnungen und Bemühungen waren ins Leere gelaufen. Vielleicht war die Welt einfach zu viel für ihn gewesen. Gute Menschen sterben. Manche von uns sind psychisch und mental kränker als andere.

Er war so jung gewesen, dass ich ein bisschen das Gefühl gehabt hatte, sein Vater zu sein. Ich hatte versucht, ihn auf der Station zu beschützen, und mich für ihn eingesetzt. Aber letztlich war er verloren gewesen, und das obwohl er ein so liebenswerter Mensch gewesen war.

Nach einigen Monaten auf der Station stand ich nicht mehr wegen Suizidgefahr unter Beobachtung. Ich konnte kommen und gehen, wie ich wollte, und so ging ich oft nach draußen, um eine Zigarette zu rauchen. Aber ich merkte, dass ich mich unwohl fühlte, sobald ich mich weiter von der Klinik entfernte, und das begann mir Sorgen zu machen. War ich womöglich bereits zum Inventar geworden? Es stimmte, ich fühlte mich wohl in meiner neuen Umgebung, hier hatte ich das Gefühl dazuzugehören.

Als ich eines Tages wieder einmal an der frischen Luft auf einer Bank saß und eine Zigarette rauchte, dämmerte mir, dass mein Zögern, meinen sicheren Radius zu verlassen, damit zu tun haben könnte, dass ich noch nicht bereit war, den Menschen aus meinem persönlichen näheren Umfeld zu begegnen.

Ich dachte über meine Kinder nach, über meinen Vater, meine Frau und all die Fehler, die ich gemacht hatte, und mir wurde klar: Es war alles meine Schuld. *Es war meine Schuld!* Einzig und allein mein eigenes Handeln hatte zu meinem Absturz geführt.

Ich dachte über meine Kinder nach, über meinen Vater, meine Frau und all die Fehler, die ich gemacht hatte, und mir wurde klar: Es war alles meine Schuld.

Ich dachte an meine erste Frau und was ich ihr zugemutet hatte. Ich dachte an die Zeit zurück, als die Kinder noch Babys waren, an die Razzien, bei denen Polizisten die Haustür aufgetreten und das Haus gestürmt hatten. Ich dachte an das Geld, die Drogen und die Waffen, von denen meine Frau wusste, sich jedoch entschied, sie zu ignorieren. Ich dachte darüber nach, wie ich sie manipuliert und kontrolliert hatte, und ich wünschte, es wäre anders gewesen. Ich wünschte, ich hätte einfach nett sein können.

Als sie eines Tages aufwachte, ging es ihr sehr schlecht. Sie war so verstört gewesen, dass sie einen Nervenzusammenbruch erlitten hatte. Man diagnostizierte bei ihr eine bipolare Störung und ordnete eine stationäre Behandlung an. Ich besuchte sie auf der Station direkt neben jener, in der ich jetzt war. Plötzlich war ich in der

Verantwortung – ein alleinerziehender, drogenabhängiger Vater, dem es selbst nicht gut ging. Vielleicht fiel es mir deshalb so schwer, die Person, die meine Frau war, von ihrer Krankheit zu trennen. Ich behandelte sie schlecht, und das tut mir heute sehr, sehr leid.

Die Beziehung mit ihr war völlig anders geartet als die, die ich zu meinen beiden Freunden auf der psychiatrischen Station hatte. Wir drei waren auf Augenhöhe, jeder von uns war für das Wohl der zwei anderen da. Eine solche Beziehung hatte ich noch nie zuvor mit irgendjemandem geführt. Sogar meine Kinder hatte ich als mein persönliches Eigentum betrachtet. Alles war meins, meins, meins; es gab nur mich, mich, mich!

Ich warf meine Kippe auf den Boden und zündete mir sofort die nächste an. Während ich rauchte, dachte ich an meine zweite Frau, mit der ich ein weiteres Kind hatte. Auch sie hatte ich manipuliert und belogen. Auch vor ihr hatte ich meine Abhängigkeit und meine Machenschaften verborgen. Ich war traurig und fühlte mich allein. Ich wusste, dass ich sie beide verloren hatte. Es hatte zwei wunderbare Frauen in meinem Leben gegeben, denen ich etwas bedeutet und die sich um mich gekümmert hatten, aber ich hatte einfach nicht gewusst, wie man gibt. Ich hatte nie gelernt, wie man Liebe zeigt. Oder sie annimmt.

Beziehungen sind wirklich hart, wenn man … jemand anders sein muss.

5

Vater Jimmy

Ein neuer Tag. Ich hatte mich daran gewöhnt, dort zu sein, wo ich war. Hatte mich daran gewöhnt, in der Klinik zu leben. Ich wagte es nicht, über die Zukunft nachzudenken, und da ich nicht dorthin zurückkehren wollte, wo ich vorher gewesen war, machte ich auch nicht allzu viele Pläne.

Eines Tages rief mich ein Krankenpfleger zu sich. »Mick, morgen findet ein Termin für Drogen- und Alkoholberatung statt. Was denkst du?«

»Warum? Was nimmst du?«

Er sah mich an. »Wovon sprichst du? Er ist für dich!«

»Nein, mir geht es gut, Kumpel. Es geht mir gut.«

Ich verschloss nach wie vor meine Augen vor der Wahrheit und war so arrogant, dass ich glaubte, er würde über sich selbst sprechen und mich um Rat fragen. Meine Güte! Wenn ich heute zurückblicke …

Wir vereinbarten einen Termin. Sie wollten mich in der Klinik aufsuchen. Das war schon etwas Besonderes, nehme ich an.

Sie waren zu zweit. Ich setzte mich hin und genoss die Unterhaltung, weil ich die ganze Zeit von mir erzählen durfte. Ich sagte ihnen alles, was sie wissen wollten, und erklärte mich dann bereit, regelmäßig an ihren Therapiesitzungen teilzunehmen. Wenn es so weit wäre, dass ich die Klinik verlassen würde, wollten sie mich nach Kräften unterstützen.

Einer dieser Männer hatte etwas Besonderes an sich – er strahlte einen großen Frieden aus. Ich fragte mich, ob er vielleicht einer dieser Christen war, dieser Missionarsprediger. Diese Menschen hatten mich schon immer fasziniert. Ob sie wohl schwach waren? Allerdings vermittelten sie mir das seltsame Gefühl, dass sie keine Angst hatten, deshalb konnte das nicht stimmen. Doch was immer es war, das sie an sich hatten – ich musste zugeben, dass es attraktiv war.

Doch was immer es war, das sie an sich hatten – ich musste zugeben, dass es attraktiv war.

Es stellte sich heraus, dass der Mann ein Pastor war, der ehrenamtlich Drogen- und Alkoholberatungen durchführte. Dies war sein erster Besuch und ich war sein allererster Proband. Heute weiß ich (weil er es mir viele Jahre später erzählt hat), dass er damals für mich betete. Er verriet mir, dass ich der erbarmungswürdigste Mensch gewesen sei, den er je gesehen habe. Und ich glaubte damals, mit mir sei alles in Ordnung!

Du siehst, wenn man psychisch sehr krank ist, erkennt man nicht, welches Ausmaß die Erkrankung angenommen hat.

Auf der Fahrt in die Klinik hatten er und sein Freund sich über mich unterhalten. Man hatte ihnen zuvor gesagt, dass ich ein sehr, sehr gefährlicher Mann sei und ich nie allein mit jemand anderem zusammen sein dürfe, sondern immer Krankenschwestern dabei sein müssten und ich die Station nicht verlassen dürfe. Später sagte er mir: »Aber ich hatte keine Angst, Mick. Ich hatte keine Angst.«

Er erzählte mir auch, dass er immer gewusst habe, dass Gott bei mir sei. Das Ganze schien ein wiederkehrendes Thema zu werden. Ich dachte daran zurück, wie Arthur meine Hand berührt und mir gesagt hatte: »Gott ist ganz sicher bei dir, Mick.« Ich verstand es nicht wirklich. Um ehrlich zu sein: Ich wollte, dass es einen Gott gab, aber ich spürte ihn nicht. Ich konnte ihn nicht … *greifen.*

Auf die Station kam immer eine Nonne, die uns das Abendmahl austeilte, und als guter katholischer Junge (ich wurde von Nonnen aufgezogen, die mich mit Stöcken schlugen und mir sagten, dass Jesus mich liebe) dachte ich: *Nun, es kann ja nicht schaden. Ich werde zu der Dame gehen und sie wird mir das Abendmahl austeilen.* Leider gab sie mir nicht den Wein, nur die Hostie, nur das Brot. Sie schien sehr nett zu sein. Sie berührte meine Wangen und sah aus, als hätte sie wirklich ein Herz für armselige Menschen.

Ich konnte es jeden Sonntag kaum erwarten, dass sie uns besuchte. Für etwa fünfzehn Minuten war man mit ihr allein in einem Raum. Sie reichte einem das Abendmahl, betete für einen, sprach mit einem und …

Am Ende hatte ich ein bisschen Frieden. Die Unruhe in meinem Kopf legte sich jedes Mal, wenn ich mit dieser liebenswerten, freundlichen Nonne zusammensaß. Einmal sprachen wir über den Teufel und ich fragte sie, ob sie glaube, dass es ihn wirklich gebe. Sie bejahte, und als ich ihre Antwort hörte, wirbelten meine Gedanken durcheinander, fast so, als wolle mein Kopf abschalten, und ich wurde in eine vergangene Zeit zurückversetzt …

Am Ende hatte ich ein bisschen Frieden.

»Mick, ich brauche einen Fahrer. Ich bezahle auch das Benzin. Ich muss unbedingt nach Liverpool!«

»Okay – weswegen?«

»Ich muss für einen meiner Freunde, einen Pastor, ein paar Möbel transportieren. Vater Jimmy. Ein netter Kerl.«

»Okay, Dad. Ich habe gerade sowieso nichts vor.«

Also fuhren wir in das Dorf ein wenig außerhalb von Liverpool. Als wir in das Haus von Vater Jimmy gingen, traf ich auf den kleinsten Mann, den ich je gesehen hatte. Doch er hatte eine Ausstrahlung, eine Präsenz, die weit größer war als seine Statur. Er hatte dunkles Haar, war irischer Abstammung und sprach den Scouse-Dialekt der Region Merseyside um Liverpool. Und er war voller Liebe.

Er lächelte. »Hey, kommt rein. Setzt euch, okay.«

Es war noch ein anderer Mann in einem Anzug dort. Ein ziemlich großer Kerl. Er sprach leise und freundlich.

Vater Jimmy brühte uns eine schöne Tasse Tee auf, genau so, wie ich ihn mochte – heiß, süß und schwarz wie Teer. Während ich daran nippte und noch dachte: *Wo sind die Möbel?,* sagte Vater Jimmy: »Ich möchte für dich beten.«

Ich fühlte mich sehr unwohl. Mein Vater wusste, was gleich passieren könnte, schließlich kannte er sowohl Vater Jimmy und seinen Freund als auch mich. Und ich konnte ein bisschen schwierig sein. Ich trug ein T-Shirt, war ein großer Kerl, gut trainiert und stolz darauf – und ich ließ meine Muskeln auch vor zwei Priestern spielen.

Mein Vater ging hinaus, und sie begannen zu beten.

Ich mache jetzt keine Witze: Sie versuchten tatsächlich einen Exorzismus an mir durchzuführen! Da war Salz, da war Öl, da waren alle möglichen Dinge vorbereitet und ich konnte nicht aufhören zu lachen. Bis ich wirklich wütend wurde.

Sie beteten immer weiter und meine Wut nahm immer mehr zu. Ich fing an zu fluchen, aber sie beteten weiter. Ich trat um mich und spuckte. Ich warf das Sofa um. Ich stieß den Kaffeetisch zur Seite, sodass der heiße Tee gegen die Wand klatschte. Und sie beteten immer weiter …

Bis ein lauter, übler Schrei ertönte, der sich anfühlte, als käme er nicht aus meinen Lungen, sondern aus meiner Magengrube. Er brach aus meinem Mund heraus und war so durchdringend wie ein Schrei und ein Pfeifen zugleich. Er war ohrenbetäubend! Ich zerriss mein T-Shirt und warf es weg. Dann fiel ich auf die Knie. Ich konnte mich nicht bewegen. Und sie beteten weiter. Sie beteten und beteten …

Nach vielleicht einer Stunde war alles vorbei. Ich glaube mich daran zu erinnern, dass mir einer von ihnen Öl auf die Stirn strich, aber meine Erinnerung ist sehr vage und schemenhaft. Doch etwas war passiert, und als ich wieder ging, fühlte ich mich anders. Es war, als könnte ich wieder richtig atmen – ein und aus, ein und aus. Ich fühlte mich wirklich gut, und ich war glücklich.

Es war, als könnte ich wieder richtig atmen – ein und aus, ein und aus.

Auf der Heimfahrt war mein Vater zwar nicht unbedingt ausgelassen, aber zumindest zuversichtlich, dass sich mein Leben jetzt komplett verändern würde. Er lächelte, redete und nannte mich Sohn. Und als er seine Hand auf meine Schulter legte, *fühlte* ich mich auch wie ein Sohn. Ich fühlte mich, wie ein Sohn sich fühlen sollte.

Aber kaum waren wir zurück, schnappte ich mir eine Crack-Pfeife und einen Drink und die alten Gefühle waren wieder da.

Als ich wieder in die Gegenwart zurückkehrte, fragte mich die Nonne: »Was glaubst *du?* Ist der Teufel real?«

Ich antwortete: »Wenn er es ist, ist er seit annähernd dreißig Jahren ein enger Freund von mir.«

»Lass mich für dich beten, Mick. Und Gott segne dich.«

Ich hatte zuvor noch nie eine Nonne getroffen, die mich nicht hatte schlagen wollen. Sie war die Ausnahme. Ich wusste, dass ich ihr wirklich leidtat. Wenn sie mir gesagt hätte: »Jesus liebt dich«, hätte ich vielleicht, aber auch nur vielleicht, nicht gefragt, warum. Aber sie tat es nicht. Sie tat es nie.

Die Zeit verging ziemlich langsam auf der psychiatrischen Station, weil ich sie nie verließ. Ich fürchtete mich, und mein Stolz war so groß, dass ich es nicht ertragen konnte, mich anderen Menschen in diesem Zustand zu präsentieren. Ich weiß noch, wie einmal eine Reinigungskraft hereinkam, von der ich wusste, dass sie meine Familie kannte. Ich drückte mich in eine Ecke, damit sie mich nicht sah. Aber sie war eine dieser neugierigen Wichtigtuerinnen, und natürlich kam sie geradewegs auf mich zu und fragte mich, wie es mir gehe. Ich konnte nicht anders und explodierte. »Verpiss dich!«

> »Lass mich für dich beten, Mick. Und Gott segne dich.«

Es war, als wäre die ganze Station erstarrt, als sie sich von mir abwandte. Sofort fühlte ich mich schlecht. Ich wollte mich wirklich ändern, wünschte es mir so sehr. Ich wusste, dass ich versuchen musste, die Vergangenheit in Ordnung zu bringen. Und ich wusste, dass mein Leben sehr kurz sein würde, wenn ich so weitermachen würde wie bisher.

Der Schmerz war groß, doch je mehr Zeit ich auf der psychiatrischen Station verbrachte, umso mehr Hoffnung verspürte ich auch. Ich dachte: *Wenn Jesus real ist, wenn die Geschichten über ihn wahr sind, dann hat auch er Schmerz durchlebt. Er hat nicht versucht, ihm zu entgehen.* Meiner damaligen Einschätzung nach versuchten die Menschen, Schmerz um jeden Preis zu vermeiden. Sie tranken, nahmen Drogen, schliefen mit ständig wechselnden Partnern und aßen, was ihnen in die Finger kam – sie taten einfach alles, was ihnen half, ihre Gefühle zu betäuben. Aber Schmerz lässt sich nicht vermeiden. Schlimme Dinge passieren; Menschen sterben. Doch wenn die Geschichte von Jesus wahr ist, dann hat er den Schmerz ertragen und ist von den Toten wiederauferstanden! Dieser Gedanke gab mir neue Hoffnung: Wenn auch ich meinen Schmerz durchstand und Jesus bat, dabei an meiner Seite zu sein, würde ich am Ende *vielleicht*, nur *vielleicht*, auch ein neues Leben haben. *Vielleicht* gab es eine Chance für mich!

Ich war mir nicht sicher. Die Leute hatten zu mir gesagt: »Jesus starb für deine Sünden«, und ich hatte mich gefragt: *Warum tat er das? Und was bedeutet das überhaupt?*

Dann kam mir ein weiterer Gedanke. Ich dachte an all die Verbrechen, die ich begangen hatte, all das Schlechte, das ich getan hatte – und das war viel, verdammt viel. Und dann war da dieser Typ. Die Menschen misshandelten ihn schwer – sie raubten ihn aus, prügelten ihn zu Boden, schlugen ihm ins Gesicht, spuckten ihn an, trampelten auf ihm herum und verurteilten ihn zum Tod. Und das für all die Dinge, die *ich* getan hatte! Er hätte nur zu sagen brauchen: »Das war ich nicht – es war Mick!«, und die Schläge hätten aufgehört.

Er hätte weiterleben können. Aber er verpetzte mich nicht. Er ertrug es einfach! Er starb für all meine Vergehen. Ich bin keine Petze, aber ich will auch nicht für jemand anderen sterben. Nicht für einen guten Menschen und schon gar nicht für einen schlechten wie mich.

Ich fragte mich, ob Jesus deshalb ans Kreuz gegangen war.

Ob er es für mich auf sich genommen hatte.

Vielleicht spann ich mir da auch nur etwas zusammen. So etwas tue ich manchmal – vor allem wenn ich versuche, etwas Trost zu finden.

Wer war Jesus? Konnte er mich aus dieser psychiatrischen Klinik herausholen? Konnte er mir helfen, wieder auf die Füße zu kommen? Konnte er mir vergeben?

Ich wusste: Wenn Gott real war, dann musste die Vergebung von ihm kommen.

Es reichte nicht aus, wenn ich mir selbst vergab, und ich würde es auch nie können.

Ich weiß noch, wie ich am Fenster stand und hinausblickte. Das leise Trommeln des Regens auf der Scheibe war irgendwie tröstlich. Durch die vielen kleinen Tröpfchen sah draußen alles verzerrt aus, und ich hatte das Gefühl, dass dieses Bild ein Spiegel dafür war, wie ich die Welt in den letzten dreißig Jahren gesehen hatte – unscharf und verzerrt.

> Ich wusste: Wenn Gott real war, dann musste die Vergebung von ihm kommen.

Dieser regnerische Tag schien ein Tag wie jeder andere zu sein. Ich hatte mich an meine Umgebung gewöhnt. Ich fürchtete mich vor nichts und niemandem, wenn ich auf der Station war, meine Furcht schien sich auf die Welt da draußen verlegt zu haben. Während ich eine wohltuende Tasse Kaffee trank, klärten sich meine Gedanken, und plötzlich erkannte ich: Ich war clean! Ich war tatsächlich clean, und das schon seit ein paar Monaten. Und ich war nüchtern! Ich war schockiert und auch ein kleines bisschen stolz auf mich. Keine Entziehungskur. Ich hatte nicht einmal darüber nachgedacht. Ich hatte absolut kein Verlangen mehr nach Drogen oder Alkohol.

Aber ich wusste auch, dass ich nicht wirklich gesund war. Ich hatte immer noch unzählige Emotionen in mir. An manchen Tagen fühlte es sich an, als sei eine Autobatterie in meinem Magen, an anderen, als würde ich eine schwere Last auf meinen Schultern tragen. Und ich hatte keine Ahnung, wie ich mit dieser Last umgehen sollte.

Ich verspürte eine tiefe Traurigkeit, weil ich wusste, dass meine Ehe vorüber war und ich nichts mehr tun konnte, um sie zu retten. Ich hatte meiner Frau viele Textnachrichten geschickt, aber sie hatte mich als Absender blockiert. Zuerst dachte ich, ihr Handy sei kaputt. Dann, langsam aber sicher, dämmerte mir, was sie mir damit sagen wollte: Es war aus mit uns. Diese Erkenntnis fühlte sich an wie ein Dolch in meinem Herzen.

Mein Stolz sagte: »Ich bin wirklich arm dran. Sieh mich doch an, ich bin hier im Krankenhaus und du verwehrst mir deine Hilfe!« Aber die Wahrheit war, dass sie es einfach nicht mehr ertrug. Die Täuschung, die Drogen, die Tatsache, dass sie mich nie richtig gekannt hatte … Es musste ein schwerer Schlag für sie gewesen sein, als sie die Wahrheit herausfand.

Wo sollte ich hingehen? Was sollte ich tun? Und was würde aus mir werden?

Ich hatte keine Antworten auf all diese Fragen, aber der Kaffee war gut, die Kekse noch besser und ich war hier. Ich hatte mein Los akzeptiert – für den Moment.

Die Tür ging auf und ein sehr schlanker, sehr großer Mann kam herein. Er war wahrscheinlich einer der größten Männer, die ich je gesehen hatte – sein Kopf war nicht weit von der Decke entfernt! Er trug eine Kappe und eine Brille. Es ging ihm sehr schlecht, das erkannte ich an seinem Gang. Ich weiß immer, wie es jemandem geht, wenn ich darauf achte, wie er sich bewegt.

Wo sollte ich hingehen? Was sollte ich tun? Und was würde aus mir werden?

Er begann, wie ein Tiger im Käfig auf und ab zu laufen. Er war in der falschen Umgebung, und ich wusste, dass sich gerade Adrenalin in ihm aufbaute, denn ich erkannte mich in ihm wieder. Ich behielt ihn im Auge, doch dann verschwand er für den Bruchteil einer Sekunde aus meinem Blickfeld, und plötzlich spürte ich, wie sich etwas um meinen Hals spannte, mich würgte und nach hinten zog … und ich war wieder dieses Kind. Alles, was ich sehen konnte, war die Flasche in der Ecke, und diesmal, *diesmal* hatte ich den Mut …

Es endete nicht gut für ihn.

Oder für mich. Gewalt war nicht die Antwort.

Ich schnappte mir den erstbesten Gegenstand, den ich zu fassen bekam, schlug damit auf ihn ein und befreite mich aus seinem Griff. Schwestern und Pfleger kamen angerannt, irgendjemand löste den Alarm aus. Das gefiel mir wirklich gut – das Drama des Lebens mit mir im Mittelpunkt.

Er lag blutend auf dem Boden.

Ich leistete keinen Widerstand, als sie mich in mein Zimmer schoben und mir sagten, ich solle dortbleiben. Als ich ein paar Stunden später wieder herauskam, hatte eine neue Schicht begonnen und alles schien in Ordnung zu sein. Er war nicht da, ich glaube, sie hatten ihn woandershin verlegt. Es schien, als würde der Vorfall keine Konsequenzen nach sich ziehen.

Das war mir recht. Ich war niemand, der sich den Dingen stellte und daraus seine Konsequenzen zog. Stattdessen manipulierte ich immer, trickste, zog andere über den Tisch und ließ sie zurück. Es würde nichts passieren, davon war ich überzeugt.

Allerdings nur bis zum nächsten Tag, als ich zu einem Gespräch mit den Ärzten und Schwestern gerufen wurde. Sie sagten mir, welche Folgen der gestrige Zwischenfall haben würde:

»Mick, du hast dich hier wirklich gut entwickelt. Wir glauben nicht, dass wir noch viel mehr für dich tun können, und wenn wir dich weiter hierbehalten, wird es dir über kurz oder lang nur wieder schlechter gehen. Deshalb ist es an der Zeit, dass du gehst.«

Es ist an der Zeit, dass du gehst. Es ist an der Zeit, dass du gehst. *Es ist an der Zeit, dass du gehst!*

Ich fühlte, wie sich mein Gesicht vor Angst verzerrte, und wusste nicht, ob ich weinen, lachen oder einfach wütend werden sollte.

Ich dachte sogar darüber nach, ob ich den Arzt einfach zusammenschlagen sollte, damit sie mich für immer dabehielten. Aber ich tat es nicht. Stattdessen akzeptierte ich es. Und so musste ich die Klinik am folgenden Tag verlassen.

Ich ging zu einer Schwester und sagte: »Ich weiß nicht, wo ich hingehen soll. Kannst du mir helfen?« Das war wahrscheinlich so ziemlich das erste Mal in meinem Leben, dass ich um Hilfe bat. An diesem Tag bekam ich einen Platz in einem Obdachlosenheim.

Als ich mich am nächsten Morgen von meinen Freunden verabschiedete, holte ich tief Luft. Ich wollte den Geruch der Station mitnehmen. Ich wollte nicht gehen. Der Wunsch, auf einer psychiatrischen Station zu bleiben, hört sich für viele Menschen wahrscheinlich seltsam an. Aber bedenke: Das war das erste Mal in meinem Leben, dass ich Freunde hatte. Wahre Freunde. Es war das erste Mal in meinem Leben, dass ich das Gefühl hatte dazuzupassen. Und jetzt musste ich all das hinter mir lassen und wieder in eine grausame Welt hinausgehen. Ja, ich war jetzt anders – ich war clean. Aber wie lange würde ich dort draußen bleiben?

> Es war das erste Mal in meinem Leben, dass ich das Gefühl hatte, dazuzupassen. Und jetzt musste ich all das hinter mir lassen und wieder in eine grausame Welt hinausgehen.

Mit einer Tragetasche, in der sich alles befand, was ich noch besaß, verließ ich die Klinik. Zweiundvierzig Jahre alt. Ein obdachloser Mann. In einem Obdachlosenheim. In meiner Heimatstadt.

Man zeigte mir mein Zimmer. Es war wirklich schön – ein Bett, Vorhänge – anders als im Krankenhaus, irgendwie heimeliger. Ein

Spiegel an der Wand, ein kleiner Tisch, an dem man schreiben und essen konnte, und eine Mikrowelle. Und wie wunderbar, ich hatte auch ein eigenes Bad mit Dusche und eigener Toilette. Es machte alles einen guten Eindruck. Aber ich fühlte mich sehr schlecht.

Etwa zwanzig Minuten später klopfte es an der Tür und eine junge Frau brachte mich hinunter ins Büro. Ich ging hinein und stellte mich den vier Mitgliedern der Belegschaft vor. Sie waren alle sehr nett und höflich und wandten sich im Anschluss wieder ihren Computern und Schreibblöcken zu und setzten ihre Arbeit fort.

Meine Ansprechpartnerin war nun die junge Frau. Sie trug goldgelbe Ohrringe und hatte ein nettes Lächeln, aber sehr, sehr dünne Augenbrauen …

Was sollte ich jetzt essen? Was sollte ich trinken? Zu welcher Zeit sollte ich essen? Würde ich mein Essen kaufen müssen?

Im Verlauf der letzten Monate, als ich begonnen hatte, den Menschen wirklich ins Gesicht zu blicken, hatte ich festgestellt, dass ich in den Augen der Menschen oft etwas erkennen konnte. Bei dieser Frau hatte ich das Gefühl, als liege eine Traurigkeit auf ihrem Leben, und als sei dieser Job nicht nur ein Job. Vielleicht war in ihrer Vergangenheit etwas passiert, das sie veranlasst hatte, diese Arbeit zu machen. Wie auch immer – sie unterstützte mich und half mir, die nötigen Formulare auszufüllen. Ich glaube nicht, dass ich die Zeit im Obdachlosenheim ohne diese junge Frau mit den Ohrringen überstanden hätte. Sie war sehr attraktiv, und vor allem roch sie gut!

Ich mochte sie, aber das hatte keinen sexuellen Hintergrund. So etwas hatte ich zuvor tatsächlich noch nie erlebt – eine Frau, die einfach eine Freundin war, ein Mensch, mit dem man ganz normal reden konnte. Das war ein ziemlicher Schock für mich.

Als ich in der ersten Nacht zwischen den frisch duftenden Laken lag, war es ein bisschen so, als hätte ich ein Zuhause gefunden. Aber ich vermisste meine Freunde. Ich vermisste die gewohnte Routine. Und die Mahlzeiten. Was sollte ich jetzt essen? Was sollte ich trinken? Zu welcher Zeit sollte ich essen? Würde ich mein Essen kaufen müssen?

Ich hatte kein Geld. Wie sollte ich überleben?

Mir ging so vieles durch den Kopf. Und gerade als ich dabei war einzuschlafen, hatte ich das Bedürfnis nach einer Zigarette.

Ich verließ mein Zimmer und ging die Treppe hinunter zu der zweiflügeligen Eingangstür. Dort setzte ich mich auf die Stufen davor und rauchte eine Zigarette. Es war fast so, als hätte ich eine Institution gegen eine andere ausgetauscht.

Aber diesmal konnte ich wählen.

Diesmal war ich clean.

Ich roch den Rauch von Cannabis. Ich hörte Menschen, die tranken und lachten. Es wäre so einfach gewesen, mir etwas zu trinken zu besorgen. Nur ein Schluck hätte all die Sorgen, die mir so sehr zusetzten, einfach ausgelöscht. Aber ich wusste, dass die Erleichterung nur von kurzer Dauer gewesen wäre.

»Jesus, bitte … hilf mir, den Schmerz durchzustehen …«

Als ich so mit meiner Zigarette auf den Stufen saß, sprach ich ein kleines Gebet: »Jesus, bitte … hilf mir, den Schmerz durchzustehen …« Es tat so weh, das auch nur auszusprechen. »… und hilf mir, auf der anderen Seite zu einem neuen Leben zu finden.«

Von diesem Tag an lebte ich mein Leben auf einer geistlicheren Basis – nur mit meinen Worten. Aber es war ein Anfang.

Ich hatte einen Anfang gemacht.

6

Die Erscheinung

Ich saß im Büro und sprach mit der jungen Frau mit den Ohrringen. Ich fragte mich, wie hoch die Sozialleistungen sein würden, die ich bekommen konnte, wie wundervoll das sein würde und wie reich ich werden könnte …

Doch als sie mir den Betrag nannte, war es, als würde sie mir einen nassen Fisch ins Gesicht klatschen. Sie sagte mir, dass mir neunzig Pfund zustünden und ich innerhalb der nächsten Tage damit rechnen könne. Mein Unterkiefer klappte herunter und meine Enttäuschung war nicht zu übersehen. Ich spürte, wie sich meine Hand zu einer Faust ballte. Ich war so wütend.

»Wie kann jemand von neunzig Pfund in der Woche leben?«

Auch ihr Gesichtsausdruck veränderte sich. Sie senkte den Kopf. Ihre Ohrringe schwangen vor und zurück. »Mick, es sind neunzig Pfund in zwei Wochen.«

Keine Erwiderung. Keine Antwort. Ich sagte nur: »Danke. Das wird ein Kampf werden.«

Ich verließ das Büro und fragte mich erneut, was es mit Gott auf sich hatte. Mir war aufgefallen, dass ich jedes Gebet, in dem ich mich versuchte, mit den Worten »In Jesu Namen« beendete. Das fühlte so sich an, als würde ich mit Jesus reden. Und ich dachte, jetzt wäre doch ein guter Zeitpunkt, um zu beten. Also sagte ich: »Jesus, kannst du mir helfen? Bis jetzt hast du mir noch nie geholfen, aber ich bitte dich, es jetzt zu tun.«

Plötzlich kam mir ein Gedanke. Ich fragte mich, ob Gott vielleicht schon die ganze Zeit über da gewesen war. Und ob er mir geholfen hatte und ich nur zu blind gewesen war, um es zu sehen. Wieder einmal dachte ich über meine Vergangenheit nach und erinnerte mich an einen bestimmten Tag. Damals war ich schon in den frühen Morgenstunden mit dem Auto unterwegs gewesen und von der Autobahn abgefahren.

Als ich an einer roten Ampel halten musste, zog ich eine Zigarette heraus und zündete sie mir an. Ich stellte das Radio ein bisschen lauter ... und hörte plötzlich ein Quietschen und Kreischen. Ein Auto hatte neben mir eine Vollbremsung gemacht. Mein Fenster war heruntergekurbelt und ich konnte das Gummi der Reifen riechen. Ich blickte nach rechts und nur den Bruchteil einer Sekunde später ertönte ein Geräusch, als würde eine Peitsche knallen, drei Mal kurz hintereinander. Da war kein Echo – nur dreimal dieser Knall.

Ich fragte mich, ob Gott vielleicht schon die ganze Zeit über da gewesen war.

Jemand hatte auf mich geschossen.

Aus einer Entfernung von nicht mehr als einem Meter zwanzig.

Und alle drei Schüsse hatten mich verfehlt.

Zwei Kugeln waren durch das Fenster herein- und auf der anderen Seite wieder hinausgeschossen, die dritte war in der Türverkleidung stecken geblieben. Ich hatte den Luftzug gespürt, als die Kugel an meinen Beinen vorbeipfiff.

Ich hatte keine Angst, war völlig ruhig. Ich weiß noch, dass ich im Rückspiegel einen kurzen Blick auf meine Augen erhaschte. Sie waren dunkel. Ich lachte – ein tiefes, unheimliches, kehliges

Lachen –, weil ich das Gesicht des Mannes mit der Pistole gesehen hatte und wusste, wer er war. Und sie wussten, dass ich es wusste. In diesem Moment rasten sie über die rote Ampel. Es war kein Verkehr und so folgte ich ihnen.

Der Gejagte war zum Jäger geworden.

Nach einiger Zeit verlor ich sie aus den Augen, aber ich speicherte die Erinnerung an diesen Zwischenfall für einen späteren Zeitpunkt fein säuberlich an einem sicheren Ort in meinem Gedächtnis ab. Ich hatte keine Angst. Nichts. Nur Kälte. Als ob es keine Rolle spielte. Ich hatte immer erwartet, eines Tages zu sterben. Ich hatte schon viel Tod gesehen, schon als Kind – als ich sechzehn, siebzehn war, starben zwei meiner besten Freunde kurz hintereinander. Der Tod brachte mich nicht aus der Fassung, er schien einfach unvermeidlich zu sein.

Jetzt fragte ich mich: War Gott dort auf der Autobahnausfahrt bei mir gewesen? Hatte er mein Leben bewahrt? Und ich dachte an die Menschen, die mir im Krankenhaus gesagt hatten: »Gott ist ganz sicher bei dir, Mick.«

War er das?

Ich versuchte, mir vorzustellen, wie Gott sich offenbaren könnte. Ich kannte Menschen, die regelmäßig in die Kirche gingen. Dennoch deutete für mich nichts darauf hin, dass sie irgendwie besonders waren. Sie lebten ihr Leben nicht anders als alle anderen. Und ich fragte mich erneut: Ist Jesus am Ende doch real?

Ich erinnerte mich an die Zeit zurück, als ich mit meiner ersten Frau verheiratet war. Wir besaßen nicht viel, und sie musste sich mit den Kindern hinter dem Sofa verstecken, wenn jemand kam und Geld wollte. Da kam mir der Gedanke: Stell dir nur vor, du müsstest dich, weil du verschuldet bist, dein ganzes Leben lang hinter dem Sofa verstecken und die Kinder ermahnen: »Seid still!

Seid still! Seid still! Wir müssen so tun, als wären wir nicht da!«, während jemand an die Tür hämmert und durch den Briefkastenschlitz ruft: »Wir wissen, dass ihr da seid!«

Stell dir vor, du müsstest dich dein ganzes Leben lang in der Dunkelheit verstecken und könntest kein Licht anmachen. Bis du eines Tages versehentlich die Tür öffnest und Jesus davorsteht und du erkennst: *Er war es, der die ganze Zeit geklopft hat!* Er hat dich gerufen, um dir zu sagen, dass er deine Schulden bezahlt hat. Dass du niemandem mehr etwas schuldest. Und du hast all die Jahre damit verschwendet, so zu tun, als wäre niemand zu Hause, während Jesus dich rief, damit du dein Herz öffnest – für ihn.

Aber ich wusste nicht, wie ich mein Herz öffnen sollte. Ich konnte es einfach nicht und hatte keine Ahnung, was ich tun sollte. Deshalb betete ich einfach weiter.

Stell dir vor, du müsstest dich dein ganzes Leben lang in der Dunkelheit verstecken und könntest kein Licht anmachen. Bis du eines Tages versehentlich die Tür öffnest und Jesus davorsteht und du erkennst: *Er war es, der die ganze Zeit geklopft hat!*

Schließlich kam der Tag, an dem meine dicke, fette Unterstützung in Höhe von neunzig Pfund in meinem Briefkasten landete. Was sollte ich mit diesem riesigen Geldbetrag anfangen? Als Erstes würde ich Tabak kaufen! Dann dachte ich: *Ich brauche einen Anzug.*

Ich gab jeden Cent, den ich hatte, für einen schönen Anzug, ein schönes weißes Hemd, eine schmale schwarze Krawatte und glänzende Schuhe aus. Dann zog ich alles an, nur um damit in der Stadt herumzulaufen. Nur um gesehen zu werden. *Seht mich an! Ich sehe schick aus. Ich bin zurück!*

Das Problem war: Ich konnte nicht einmal mich selbst davon überzeugen, dass das wahr war, geschweige denn irgendjemand anderen. Ich fühlte mich einfach … krank – wenn auch in einem schönen Anzug. All die Dinge, die ich in der Vergangenheit getan hatte, um wieder auf die Beine zu kommen und neu durchzustarten, hatten nichts gebracht. Ein schicker Anzug, glänzende Schuhe … ich wusste nicht, was ich jetzt tun sollte. Aber ich würde weiterbeten, denn der Anzug funktionierte ja offensichtlich nicht!

Zwei Tage später versuchte ich wieder einmal zu beten. Beten war alles, was ich hatte, auch wenn es sich die meiste Zeit so anfühlte, als würde ich lediglich einen Monolog halten, dem ich am Ende noch ein »Danke, Jesus« hinzufügte. Das erschien sogar mir selbst ziemlich verrückt, sodass ich mich fragte, ob es nicht besser für mich wäre, in die Psychiatrie zurückzukehren! Ich führte Gespräche mit jemandem, den ich nicht sehen konnte und der mir nicht antwortete, aber ich tat es trotzdem. Vielleicht hatte ich das vage Gefühl, dass ich dabei war, »ihn« oder »es« besser kennenzulernen …

Ich saß auf meinem Bett und sagte: »Nun komm, Jesus. Lass uns reden. Ich weiß nicht, was mit mir passieren soll. Ich habe diesen fantastischen Anzug, von dem ich nicht einmal weiß, warum ich ihn gekauft habe, und jede Menge Tabak. Aber jetzt habe ich kein Geld mehr, ich habe nichts zu essen und nichts, das mir hilft. Vielleicht hast du mich all die Jahre über am Leben erhalten, weil alle anderen tot sind. Es wurde auf mich geschossen, Menschen wollten mich töten – immer und immer wieder. Ich habe sogar versucht, mich selbst umzubringen, aber auch das hat nicht funktioniert! Jesus, bist du das?«

Ich führte Gespräche mit jemandem, den ich nicht sehen konnte und der mir nicht antwortete, aber ich tat es trotzdem.

Stille.

Keine Antworten.

Ich dachte ständig über Jesus nach. Rein verstandesmäßig glaubte ich weiterhin, dass er real war, aber er schien immer zu schweigen, wenn ich mit ihm redete. Nie sagte er etwas. Doch dann erinnerte ich mich daran, wie ich in dem Auto gesessen und den Abzug meiner Pistole gedrückt hatte. Damals hatte ich eine Antwort bekommen, wenn auch erst später. Aha! Vielleicht sollte ich einfach abwarten. Vielleicht sollte ich der Sache etwas Zeit geben. Ich hatte meine Frage gestellt. Jetzt würde ich den Rest Jesus überlassen und sehen, was passierte.

Ich hatte angefangen, im Fitnessstudio zu trainieren, und wurde dementsprechend fitter, gesünder und stärker. Allerdings war ich ziemlich einsam.

Dennoch fühlte ich mich nach dem Gespräch, das ich in der psychiatrischen Abteilung gehabt hatte, dazu verpflichtet, weiterhin zur Drogen- und Alkoholberatung zu gehen, und dort wurde mir mein höchstpersönlicher Drogenberater zur Seite gestellt. *Wow!*, dachte ich.

Als wir uns bei unserem ersten Treffen zusammensetzten, sagte er: »Du bist so ein netter Kerl, Mick. Warum hast du nicht einfach aufgehört?«

Ich konnte nicht glauben, was ich da hörte. »Einfach aufhören? Hey, hör mal, Kumpel, du hast die Antwort auf das Leben selbst: Hör einfach auf. Hattest du schon einmal Durchfall?«

»Ja.«

»Warum hast du nicht einfach damit aufgehört?«

Tödliche Stille. Obwohl er, wie ich zugeben muss, ein kleines Lächeln auf dem Gesicht hatte. Aber ich hatte kein Vertrauen zu ihm. Wie auch immer – er testete mich auf Drogen und Alkohol. Ich war sehr zuversichtlich, weil ich wusste, dass ich nichts genommen hatte. Ich war clean.

»Es gibt ein Abstinenz-Programm, an dem du teilnehmen kannst. Dort bekommst du professionelle Beratung und man geht auch auf emotionale Bindungen ein. Es ist eine Gruppentherapie, und sie ist sehr gut, Mick. Du musst dafür nicht einmal irgendwo hinfahren, du kannst sie direkt hier bei uns machen. Das Programm dauert zwölf Wochen. Was denkst du?«

Nun, ich hatte nichts zu verlieren. Warum nicht?

In den nächsten Tagen ging ich regelmäßig ins Fitnessstudio und trainierte sehr hart. Ich wollte in dieser neuen Situation gut aussehen. Ich würde neue Leute kennenlernen und neue Freundschaften schließen. Ich war nervös und hatte ein Kribbeln im Bauch, aber ich betete. Ich tat nicht viel, aber ich betete! In einem Gebet fragte ich Jesus: »Bist du es, der sich immer um mich gekümmert hat? Was soll ich als Nächstes tun? Was soll ich tun?«

Wenn ich betete, hielt ich die Augen meistens geschlossen, aber ich hielt es nie ganz bis zum Ende durch. Immer wieder musste ich sie kurz öffnen – nur für den Fall, dass jemand in der Nähe war und mich beobachtete oder jemand hereinkam. Ich wollte nicht wie ein Idiot aussehen und auch nicht, dass man mich für verrückt hielt. Ich war zwar gerade erst aus einer psychiatrischen Einrichtung entlassen worden, wohnte in einem Obdachlosenheim und hatte mein ganzes Geld für einen Anzug statt für Essen ausgegeben, aber Gott bewahre, dass mich jemand für einen Verrückten hielt!

In einem Gebet fragte ich Jesus: »Bist du es, der sich immer um mich gekümmert hat? Was soll ich als Nächstes tun? Was soll ich tun?«

Als ich an diesem Tag wie üblich kurz vor dem Ende meines Gebets die Augen öffnete, sah ich am Fußende meines Bettes ein strahlend weißes Licht.

Du kannst selbst entscheiden, ob du glaubst, dass das, was ich dir gleich schildern werde, eine durch meine Krankheit hervorgerufene Erscheinung war, oder ob du es für wahr hältst. Für mich spielt das keine Rolle, weil ich weiß, was ich glaube! Und Jesus wirkt ohnehin in der Krankheit der Menschen.

Doch zurück zu dem Licht am Fußende meines Bettes. Ich starrte es an, unfähig zu sprechen, ich sah nur zu, wie es immer heller und immer klarer wurde …

Am Fußende meines Bettes in meinem Zimmer im Obdachlosenheim stand ein Engel.

Es war tatsächlich so. Ein Engel. Zwei oder zwei Meter zwanzig groß. Ich weiß, was du jetzt wahrscheinlich denkst. In diesem Moment dachte ich dasselbe! *Mick, du bist dabei durchzudrehen!* Aber ich hatte noch nie zuvor etwas *gesehen,* ich hatte noch nie eine Vision gehabt. Ich wollte den Engel berühren, obwohl das vielleicht ein bisschen unhöflich gewesen wäre … Ich dachte: *Ich werde ihn ansprechen.*

Am Fußende meines Bettes in meinem Zimmer im Obdachlosenheim stand ein Engel.

Also sagte ich: »Alles klar, Kumpel?«

Und der Engel sagte: »Ja, ich bin okay, mein Freund. Wie geht es dir?«

Ich nehme an, das ist die Art und Weise, wie Engel reden – zumindest tat es meiner!

»Was willst du? Warum bist du hier? Und bist du echt?«

»Ja, ich bin echt.«

»Was willst du?«

»Gott hat mich geschickt. Ich habe eine Botschaft für dich, mein Freund.«

»Okay, lass hören, ich habe dafür gebetet. Raus damit!«

»Er will, dass du exakt um sieben Uhr zu einer bestimmten Steinmauer im Stadtzentrum gehst und dort wartest.« Der Engel sagte mir auch, um welche Mauer es sich handelte. Sie war etwa zwei Minuten von dem Obdachlosenheim entfernt.

»Warum?«

»Geh einfach hin. Wirst du es tun? Ja oder nein?«

»Ja.«

»Okay, wir sehen uns dann später. Ich komme zurück. Bis dann.«

»Okay, bis später. Wie soll ich dich nennen?«

Weg war er. Ich dachte: *Ich werde ihn einfach Engel nennen!*

Ich machte mir einen Kaffee und holte mir ein paar Vanillekekse. Als ich einen davon in die Tasse stippte, verbrannte ich mir die Finger. Der zuckersüße Geschmack in meinem Mund ließ mich denken: *Entweder ist mein Blutzuckerspiegel sehr niedrig oder es geht mir ziemlich schlecht.*

Aber es schien alles so real zu sein! Sieben Uhr. Ich sollte mich an eine Steinmauer lehnen. Mitten im Stadtzentrum. Nicht fünf nach und nicht fünf vor sieben – es musste exakt um sieben Uhr sein. Ich musste pünktlich sein.

Während die Minuten verstrichen, dachte ich: *Ja, ich werde gehen.* Und dann: *Nein, ich werde nicht gehen!* Ich schwankte hin und her. Ich fühlte mich wie ein Schiff, das im Sturm hin und her getrieben wird. Der Kapitän hält Ausschau nach ruhigeren Gewässern, doch ohne Erfolg. Ich steckte mittendrin und kam nicht heraus. Ich wusste nicht, was ich tun sollte. Nach einiger Zeit wurde mir jedoch klar, dass ich die Chance nutzen wollte. Schließlich hatte ich Gott gebeten, dass er zu mir sprach und mir einen Weg zeigte, mir einige Fragen beantwortete. Ich konnte nicht anders, ich musste gehen.

Es war Viertel vor sieben. Ich drehte mir noch ein paar Zigaretten, steckte sie zusammen mit meinem Feuerzeug in meine Tasche und machte mich auf den Weg.

Ich konnte nicht anders, ich musste gehen.

Als Nächstes lehnte ich mich an die Mauer, einen Fuß dagegengestemmt, und zündete mir eine Zigarette an. Während ich rauchte, dachte ich: *O Gott, niemand sonst weiß, was hier vor sich geht! Die Leute fragen sich wahrscheinlich: Wer ist der verrückte Kerl, der hier an der Mauer lehnt? Warum tut er das?*

»Weil ein Engel es ihm gesagt hat.«

Ich glaube, das wäre nicht besonders gut angekommen. Kannst du dir vorstellen, was passiert wäre, wenn mich Polizisten angesprochen hätten und ich ihnen auf ihre Frage, was ich hier mache, diese Antwort gegeben hätte?

Ich glaube, sie hätten mich mit einem netten Mann neben mir im Auto auf direktem Weg wieder in die psychiatrische Klinik gebracht.

Ich sah auf die Rathausuhr. Es war fünf vor sieben, die Uhr tickte … und ich hatte wirklich Zweifel. Was tat ich hier? Warum hatte ich gerade … was *stimmte* mit mir nicht?

Niemand war in meiner Nähe. Es war sehr still. Ich warf meine Zigarette auf den Boden und trat sie aus. Ich ließ mir Zeit dabei, weil ich noch ein bisschen warten wollte. Nur für den Fall … nur für den Fall.

Die Rathausuhr schlug sieben Uhr. Und gerade als ich wieder gehen wollte, kam ein Mann um die Ecke, streckte mir die Hand entgegen und rief: »Hey, Mick! Ich wette, du hast nicht damit gerechnet, mich hier zu sehen, stimmt's?«

Ich schüttelte ihm die Hand, während mein Unterkiefer vor Überraschung fast auf dem Boden aufschlug. Zwei Sekunden lang konnte ich nicht sprechen.

»Komm herein. Ich habe die Schlüssel. Keine Angst, hier ist alles anonym. Ich mache dir einen Kaffee.«

»Was?« Eine Million Gedanken rasten durch meinen Kopf. Kannte er den Engel? Woher wusste er, dass ich hier sein würde? Was ...

Es stellte sich heraus, dass er in der Verwaltung des Obdachlosenheims arbeitete. Ich kannte seinen Namen nicht, aber er gehörte zu den Menschen, die dort ständig etwas in ihre Computer tippten.

Er führte mich hinein und machte mir einen Kaffee. Es kamen noch weitere Leute und wir setzten uns im Kreis zusammen.

Wie sich herausstellte, war ich bei einem Treffen der *Narcotics Anonymous* gelandet. Hier sollte Menschen wie mir, die unter Abhängigkeiten und Problemen litten, anhand eines Zwölf-Schritte-Programms geholfen werden.

Ich war sprachlos. Sie redeten alle über Gott und höhere Mächte, und ich war von einem Engel dorthin geschickt worden. Ich wollte ausrufen: »Ratet mal, warum ich hier bin!« Aber dann dachte ich: *Lieber nicht. Es ist noch nicht die richtige Zeit dafür. Ich glaube nicht, dass ich bereit bin, das zu sagen, und sie sind sicher noch nicht bereit dafür, es zu hören!* Aber es war wahr. Nur wie? War das Gott gewesen? Hatte ich mich getäuscht? Oder war das alles real gewesen?

War das Gott gewesen? Hatte ich mich getäuscht? Oder war das alles real gewesen?

Weißt du, im Laufe der Jahre habe ich festgestellt, dass bei all den Wundern, die ich erlebt und von denen ich einige in diesem Buch aufgeschrieben habe, das Übernatürliche ganz normal ist, entscheidend ist nur das Timing. Und das hier war ein gutes Timing. Es war ein Wunder.

Nach dem Treffen regte sich neue Hoffnung in mir. Es fühlte sich an, als könnte ich nochmals ganz von vorn anfangen. Da war etwas, von dem ich glaubte, dass es mich führen könnte - und ich nannte es Jesus. Sie hatten viele Namen für diese höhere Macht gehabt, aber meine würde Jesus sein. Er hatte mir einen Engel geschickt, und ich glaube nicht, dass er das auch bei den anderen getan hatte!

Genau das nahm ich aus diesem Treffen mit – Jesus war mein Gott. Und ich würde ihm nachfolgen und ihm nachjagen, genauso wie andere Menschen es auch taten, und sehen, was dann passierte.

Ich ging zurück nach Hause und rauchte viele, viele Zigaretten. Ich konnte besser denken, wenn ich rauchte, und deshalb rauchte ich viel. Und ich trank viel Kaffee. Beides hielt mich wach, obwohl ich schlafen wollte. Eine weitere Gewohnheit, mit der ich im Lauf der Jahre kämpfte.

Der Engel hatte mir gesagt, dass er zurückkommen würde. Und das tat er auch. Am Tag danach. Er erschien auf exakt dieselbe Weise wie beim ersten Mal. Ich betete und öffnete irgendwann die Augen, und während ich weiterbetete, wurde das Licht heller und da war er!

Ich hatte so viele Fragen, so vieles zu sagen. »Engel, weißt du was? Du wirst nie erraten, was passiert ist!« Doch dann hielt ich inne und dachte: *Nun, angesichts dessen, wer dich vermutlich geschickt hat, weißt du wohl schon, was passiert ist, oder?*

»Wie auch immer, was soll ich jetzt tun?«

Der Engel sagte etwas, das mich sehr beunruhigte, und meine Begeisterung verwandelte sich in Enttäuschung. In *große* Enttäuschung. »Jesus möchte, dass du dem Mann vergibst, der dich verletzt hat, ... als du ein kleiner Junge warst.«

»Das kann ich nicht! Ich will es nicht und ich kann es nicht!« Ich hatte mir jahrelang ausgemalt, ihm die Kehle durchzuschneiden, ihn niederzustechen, ihn zu foltern und all das, was ich ihm sonst noch antun würde … Wenn ich darüber nachdachte, fing ich vor Begeisterung an zu sabbern, so aufgeregt war ich. Ich *konnte* ihm nicht vergeben!

> »Jesus möchte, dass du dem Mann vergibst, der dich verletzt hat, … als du ein kleiner Junge warst.«

»Jesus will, dass du es tust. Er wird dir zeigen, wie. Und wenn du getan hast, worum er dich bittet, will er, dass du hinausgehst und jedem, den du triffst, von ihm erzählst. Das wird um die ganze Welt gehen!«

Nun, ich wusste eigentlich nichts über Jesus. Außer der Tatsache, dass er Engel schickte. Dass er verhinderte, dass man erschossen wurde, wenn man in einem Auto saß. Dass er Pistolen, die man sich unters Kinn hielt, außer Funktion setzte.

Rettete er uns wirklich? Ja, Jesus rettete Menschen wie mich. Das würde ich nehmen! Anscheinend wusste ich doch etwas über Jesus. Ich konnte anderen sagen, dass er Menschen rettet. Insbesondere schlechte Menschen.

Moment! Sogar schlechte Menschen wie *ihn*?

Rettete Jesus Menschen, die nach Schweiß und süßlichem Zeug rochen, Menschen mit einem Hauch von Alkohol in ihrem Atem, Menschen, die Kindern die Kehle zudrückten und drohten: »Wenn du irgendjemandem auch nur ein Wort davon sagst, bringe ich deine Eltern um! Hast du verstanden?«?

Rettete Jesus wirklich solche Menschen?

Ich wollte den Menschen nicht von diesem Jesus erzählen. Es war mir egal, wo er mich hinschicken wollte. Ich würde das nicht machen. Ich konnte es nicht. Ich würde es *nicht* tun!

Oder doch?

Alles, was der Engel gesagt hatte, war übernatürlich gewesen, aber auch sehr beunruhigend und sehr schwierig anzunehmen. Ich versuchte mir einzureden, dass ich mir das alles nur eingebildet hatte. Doch je mehr ich es versuchte, umso realer wurde es. Ich war dort gewesen – in der realen Zeit. Es war kein Traum gewesen. Doch ich verstand es nicht.

Was der Engel zu mir gesagt hatte, ließ mich einfach nicht los. Seine Worte blieben mir im Gedächtnis haften und ich dachte fast jede Nacht darüber nach, bevor ich einschlief.

Ich wollte nicht vergeben und hielt meine Haltung auch für absolut gerechtfertigt. Allerdings war ich auch beunruhigt. Was der Engel zu mir gesagt hatte, ließ mich einfach nicht los. Seine Worte blieben mir im Gedächtnis haften und ich dachte fast jede Nacht darüber nach, bevor ich einschlief. Es war nicht schmerzhaft, aber sehr herausfordernd. Dieser Gott war so wunderbar und auch der Engel war wunderbar, … aber sie wollten, dass ich etwas tat, das mir unmöglich erschien.

Trotz allem hatte ich mein Leben wieder ein bisschen besser im Griff. Ich ging ins Fitnessstudio. Ich hatte meine NA-Treffen. Mit der Hilfe der Menschen, mit denen ich mich austauschte, baute ich meine Beziehung zu Jesus auf. Ich hatte nicht mehr so viel Angst, und als ich unter der Anleitung der Drogen- und Alkoholberatung mein Abstinenzprogramm begann, fand ich einige wunderbare neue Freunde.

Mit einem von ihnen entwickelte sich eine besonders enge Beziehung – wir waren bald wie Brüder. Er war eine kleinere Version meiner selbst: untersetzt und stämmig, nur nicht so groß wie ich. Sein Leben war ähnlich verlaufen wie meines. Er hatte einen

Bruder verloren, ich hatte eine Schwester verloren. Wir verstanden uns wirklich gut. Er fing an, im Fitnessstudio mit mir zu trainieren.

Bald darauf begann ich, wieder eine Beziehung zu meinem Vater aufzubauen. Das war bizarr, denn leider muss ich zu meiner Schande gestehen, dass ich mich ihm gegenüber sehr übel verhalten hatte. Als er mit Krebs im Krankenhaus gelegen hatte, hatte ich ihn besucht, ihm ins Gesicht gespuckt und gesagt, dass ich mir wünschte, er würde sterben.

Ich gab meinem Vater die Schuld daran, dass meine Mutter gestorben war. Natürlich war das völliger Unsinn – sie war auf natürliche Weise gestorben. Aber ich hatte so viel Wut in mir aufgestaut, die ich an jemandem auslassen wollte, und er kam mir da gerade recht. Im Lauf der Jahre, während meiner Abhängigkeit, hatte ich meinem Vater auch sehr viel Geld gestohlen.

Er hatte mir vergeben.

Jetzt war er in seinen Achtzigern, aber er hatte sich immer fit gehalten und so trainierten wir nun zu dritt im Fitnessstudio. Ich liebte es. Ich baute Beziehungen auf, wie ich sie noch nie gehabt hatte. Nach dem Sport trotteten ich und meine Mini-Version zurück zu unserem Programm. Es half uns, die Dinge, an denen wir so sehr festgehalten hatten, klarer zu sehen, allerdings war es auch hochemotional. Wir waren etwa fünfzehn Männer und Frauen in einem kleinen Raum, und es gab viele Tränen, Zornesausbrüche und viel Frustration. Der Therapeut war ein großartiger Mann. Er hatte eine große Begabung dafür, den Menschen ihre Geschichten zu entlocken. Er gab ihnen den nötigen Anstoß, ermutigte sie und nutzte den sicheren Rahmen der Gruppe, um es ihnen leichter zu machen.

In einer dieser Gruppensitzungen hatte ich meinen letzten außergewöhnlichen, gewalttätigen Ausbruch. Ich glaube, der Therapeut machte einen Fehler, aber letztendlich hatte dieser sehr positive Auswirkungen. Er kannte meine Geschichte und wusste, dass ich missbraucht worden war. Er stellte einen Stuhl vor mir auf und wies alle anderen an, sich seitlich davon aufzustellen. Dann fragte er mich, wer auf dem Stuhl saß. Ich konnte nicht sprechen. Ich merkte, dass ich wütend wurde, aber meine Wut nahm nur langsam zu. Ich kämpfte nicht dagegen an, sie steigerte sich einfach nur nicht so schnell wie sonst.

»Was willst du ihm sagen, Mick? Sag es ihm! Lass heraus, was du ihm zu sagen hast!«

Meine Wut schwoll an. Meine Nackenhaare stellten sich auf, meine Knie fingen an zu zittern, meine Finger verkrampften sich und ich spürte ein Brennen in meinen Händen, die sich zu Fäusten ballten. Sie fühlten sich sehr schwer an, fast wie Vorschlaghammer. Mein Körper war entspannt, aber gleichzeitig extrem angespannt. Ein Kribbeln lief durch meinen Kopf und den Rücken hinunter, wie Nadelstiche.

»Sprich zu ihm. Sag ihm, was du ihm sagen willst.«

Ich drehte mich um und sah einen Kugelschreiber auf dem Tisch. Ich schnappte ihn mir und rammte ihn in den Stuhl. Ich spuckte darauf. Ich fiel über ihn her, schlug ihn in Stücke, riss ihn auseinander. Dann hämmerte ich mit den Fäusten gegen die Wand und schlug ein Loch in die Gipskartonplatte! Ein Alarm ging los und ich hörte entsetzte Schreie und Getrampel, als die Frauen und Männer der Gruppe panisch hinausrannten.

Mein Ausbruch dauerte wahrscheinlich nur drei oder vier Minuten. Zurück blieb ein Bild der Verwüstung. Als ich mich umdrehte, sah ich den Therapeuten gelähmt vor Entsetzen auf seinem Stuhl sitzen. Mit aufgerissenen Augen starrte ich ihn an. »Wer kommt als Nächster?«

»Atme, Michael, atme einfach!«

Und das tat ich. Ich folgte seinen Anweisungen. Ich atmete. Langsam beruhigte ich mich und kam wieder in der Realität an.

Mein Mini-Ich trat zu mir und legte die Arme um mich. Wir fielen auf die Knie und weinten zusammen ein paar Tränen. Auch er hatte seine Probleme aus der Vergangenheit, er verstand mich.

An jenem Tag ließ ich in diesem Raum etwas zurück. Der Therapeut war ein Risiko eingegangen, aber ich erinnerte mich, dass der Engel über Timing gesprochen hatte … vielleicht war dieses Timing genau richtig gewesen.

Am Tag danach spürte ich etwas Neues in mir. Ich würde jetzt gern sagen, dass es Demut war, aber, um ehrlich zu sein, wusste ich damals nicht, wie sich Demut anfühlt. Es war ein bisschen schmerzhaft, aber es war okay. Vielleicht hatte es damit zu tun, dass ich ein wenig die Kontrolle abgegeben hatte? Es war kein freudiges Gefühl, bei dem man normalerweise in Jubel ausbrechen würde, aber es war in Ordnung. Ich weiß noch, dass ich an diesem Morgen ins Fitnessstudio ging und mit meinem Vater und meinem Mini-Ich trainierte, und es war … okay.

An jenem Tag ließ ich in diesem Raum etwas zurück.

Die Unterstützung, die ich von den Mitarbeitern des Obdachlosenheims, in den NA-Sitzungen und von den Menschen, die ich kennenlernte, bekam, führte mit der Zeit dazu, dass ich einen völlig anderen Lebensstil entwickelte – einen Lebensstil, der auf Nüchternheit basierte. Ich dachte ständig über meinen neuen Kumpel Jesus nach. Er war noch nicht das Wichtigste in meinem Leben, aber er bedeutete mir etwas, weil sich mein Leben veränderte. Und auch wenn ich nicht wusste, was aus mir werden sollte, glaubte ich doch, dass sich alles zum Guten wenden würde.

Vielleicht ist das der Kern des Glaubens: Es wird alles gut werden. Ich habe Jesus.

Ich schloss den Rehabilitationskurs ab und bekam ein Zertifikat. Ich war sehr stolz, denn das war die erste Auszeichnung, die ich bekam, seit ich mit etwa sechs Jahren zwei Längen im Schwimmbecken zurückgelegt hatte! Ich weiß nicht, wo es heute ist. Es ist mir im Lauf der Jahre nicht gut gelungen, solche Dinge aufzubewahren. Aber es fühlte sich gut an. Und was noch besser war: Mein Vater und zwei meiner Schwestern waren dabei, als mir das Zertifikat überreicht wurde. Meine Schwestern … ich hatte sie bestohlen, ich hatte Chaos und Schwierigkeiten verursacht, ich hatte sie übelst beschimpft, und sie kamen, um mich zu unterstützen! Sie sprachen sogar mit mir, und als eine von ihnen sagte. »Ich habe das Gefühl, dass ich meinen Bruder zurückbekommen habe!«, traten mir Tränen in die Augen. Ich wusste, dass der Weg, den ich jetzt einschlug, anders war und nicht einfach werden würde. Aber er war machbar. Er war machbar!

> Vielleicht ist das der Kern des Glaubens: Es wird alles gut werden. Ich habe Jesus.

Ich hatte mich dazu entschlossen, anderen Menschen, die wie ich mit Abhängigkeiten und Alkoholproblemen zu kämpfen hatten, die obdachlos und psychisch krank waren, auf ehrenamtlicher Basis zu helfen. Ich hatte etwas zu geben, und ich hatte den Eindruck, dass ich gut darin war. Immer wieder bat ich Jesus, jenen zu helfen, die ich unterstützte, und er tat es jedes Mal.

Die Schwierigkeit, die es mit sich bringt, wenn man in dieser Welt mit Menschen arbeitet, wie ich es heute immer noch tue, besteht darin, dass viele, viele von ihnen sterben. Auch mein Mini-Ich kam mit dem Druck nicht zurecht. Er erlitt einen Rückfall und nahm sich anschließend das Leben.

Ich habe so viel Tod gesehen. So viel Schmerz. Was jedoch mein Mini-Ich betraf, so fühlte es sich so an, als sei es nicht meine Aufgabe, diesen Schmerz zu tragen. Natürlich war ich traurig – das war auch okay – und ich betete für ihn.

Im Laufe der Jahre sind die meisten der fünfzehn Menschen, die in dieser Gruppe waren, gestorben.

Aber ich hatte einen Engel.

Und ich lebe noch.

7
Mad Mick

Selbst als erwachsener Mann war ich noch ein Mama-Kind. Ich erinnere mich noch daran, wie ich einmal die ganze Nacht unterwegs gewesen war und die Polizei auf der Suche nach mir in den frühen Morgenstunden mehrmals bei mir zu Hause aufgetaucht war.

Ich war in der Küche und frühstückte, Mum und Dad saßen hinter den Glasschiebetüren im Wohnzimmer. Mein Vater hatte seine Brille auf, las die Zeitung und sprach dahinter hervor mit meiner Mutter.

Sie sagte: »Wir müssen etwas unternehmen.«

Er stimmte ihr zu. »Ja, er entgleitet uns. Die Dinge gehen zu weit, Liebes.«

»Was meinst du?« Es war Zorn in ihrer Stimme.

»Michael«, sagte er.

»Es ist die Polizei! Sie hacken ständig auf ihm herum, und ich habe das langsam satt!«

Ich sah, wie sich die Zeitung senkte. Mein Vater sah ihr ins Gesicht, schüttelte den Kopf und sagte: »Das ist absolut zwecklos«, hob die Zeitung wieder vor sein Gesicht und las weiter. In den Augen meiner Mutter war ich ein Held. Und die Polizisten waren definitiv die bösen Jungs.

Ich war glücklich. Ich liebte meine Mutter, und unsere Beziehung war sehr stark. Sie war wie ein Leuchtturm mitten im Sturm – immer für mich da. Ganz gleich, wo ich hinging, und ganz gleich, welch üble Dinge ich tat – ich konnte immer nach Hause kommen und mich sicher fühlen.

Meine Familie hatte einen guten Ruf, wohingegen ich hart daran gearbeitet habe, einen schlechten Ruf zu haben. Während ich die verschiedenen Stufen der Kriminalität durchlief, verschaffte es mir den größten Kick, dass die Menschen keine Ahnung hatten, was ich tat. Ich hatte die Taschen voller Geld, und ich musste lachen, wenn sie glaubten, ich sei ein Bauunternehmer oder Ähnliches. Ich hatte das Gefühl, alle anderen unter Kontrolle zu haben, und das begeisterte mich.

Ich erinnere mich noch an den Tag, an dem ich meinen ersten Joint rauchte. An die *Kraft,* die er mir verlieh. Er machte mich zuversichtlich, sogar aggressiv. Andere bastelten sich Pfeifen aus Konservendosen und allem Möglichen, ich aber hatte meine eigene kleine Pfeife. Es gefiel mir, die passende Ausrüstung zu haben. Sie war schön. Als ich diesen Joint rauchte, hörte ich ein Geräusch in meinen Ohren, wie ein Klingeln. Mein Herz klopfte immer schneller und in meinem Magen stieg ein schwaches Gefühl der Angst auf, aber auch Wärme. Ich fühlte mich, als könnte ich drei Meter hoch in die Luft springen. Das war weit besser, als eine Linie Kokain zu schnupfen!

Doch meine neue Vorliebe für Joints wurde schnell zu einem kleinen Problem. Ein Zug war nie genug für jemanden wie mich, und Marihuana ist eine sehr teure Angewohnheit. Deshalb brauchte ich sehr viel Geld, was zur Folge hatte, dass meine illegalen Aktivitäten immer schlimmer wurden. Das führte mich in eine sehr gefährliche Welt. Am Anfang begnügte ich mich noch mit kleineren Diebstählen und ein paar Flunkereien. Ich bin nicht stolz darauf, aber ich habe alle bestohlen – die Jüngeren wie die Älteren, sogar meine eigenen Kinder, meinen Vater und meine Mutter.

Doch dabei blieb es nicht. Wenn man in tiefe Finsternis eintritt, verliert man irgendwann die Fähigkeit, andere hinters Licht zu führen. Man versucht nicht einmal mehr zu lügen – man hört einfach komplett auf, darüber zu sprechen, was man tut.

»Setz dich, Michael. Ich habe dir eine schöne Tasse Tee gemacht! Ich habe auch ein paar Kekse – die mit Schokolade, die du so magst … Nein, das sind Michaels Kekse, Hände weg!«

Ahh, ich liebte diese Frau!

»Wir gehen heute Abend nach Manchester.«

»*Wohin*, Mum?« Ich traute meinen Ohren nicht. Meine Mutter und mein Vater wollten nach Manchester fahren und rund um den Piccadilly Circus Kaffee, Sandwiches und Zigaretten an Obdachlose und Prostituierte verteilen.

»Was ist mit euch beiden los?«

»Was? Nein, das ist ein Dienst für Gott!«

Ich schüttelte nur den Kopf. Ich wollte an diesem Abend ebenfalls nach Manchester. Und sie würden nie erfahren, warum. Sie gingen, um zu geben; ich ging, um zu nehmen.

Wenn man in tiefe Finsternis eintritt, verliert man irgendwann die Fähigkeit, andere hinters Licht zu führen.

Ich trat in einen neuen Abschnitt meines Lebens ein, genauso wie sie. Nachdem Ann gestorben war, hatte ich gesehen, wie sie zusammen trauerten, zusammen Heilung erfuhren und eine engere Beziehung zueinander aufbauten als je zuvor. Sie gingen hinaus und dienten den Armen, dann kamen sie zurück und erzählten diese wunderbaren Geschichten … Ich war zwar ein erwachsener Mann, aber ich liebte es, meiner Mutter zuzuhören. Sie erzählte mir so detailliert von einer Prostituierten, die zitternd in der Kälte stand, weil sie fast nichts anhatte, dass ihr Bild vor meinen Augen lebendig wurde und ich Mitleid mit ihr verspürte, obwohl ich sie nie gesehen hatte! Meine Mutter sagte, dass sie ihr eine Zigarette und eine Tasse Kaffee gegeben hätten, aber von jetzt an wollten sie bei ihren Besuchen Jacken und Decken mitnehmen. Ich hielt meine Eltern für verrückt. Warum sollte jemand den ganzen weiten Weg nach Manchester fahren, nur um anderen Menschen zu helfen?

Ihrer beider Glaube an Jesus wurde sehr stark, besonders der meiner Mutter. Sie wurde in Jesus wiedergeboren, was sie sehr veränderte. Sie betete viele Jahre lang für mich, und obwohl sie nie erleben sollte, wie ihre Gebete Frucht trugen, glaubte sie. Sie glaubte, dass ich mich ändern konnte.

An dem Abend, an dem sie das erste Mal nach Manchester fuhren, folgte ich ihnen – einige Stunden später. Jemand holte mich mit einem Auto ab und fuhr mich hin. Wir hatten einen Job: Wir sollten in ein Haus gehen und dort große Mengen an Geld und Drogen holen. Das Problem war nur, dass beides nicht uns gehörte!

Ich weiß noch, wie ich auf dem Beifahrersitz saß und meinem Freund, einem großen Kerl mit unzähligen Tätowierungen, zuhörte. Er war so ein Angeber! Es kam nur Müll aus seinem Mund. Als ich die Geschichten über seine Schlägereien hörte und alle möglichen Dinge, die er getan hatte, dachte ich: *Ja, du bist taff. Aber du bist nicht verrückt genug. Ich hingegen schon!*

Sie betete viele Jahre lang für mich, und obwohl sie nie erleben sollte, wie ihre Gebete Frucht trugen, glaubte sie. Sie glaubte, dass ich mich ändern konnte.

Etwa eineinhalb Kilometer vor dem Haus hielten wir an und sprangen aus dem Auto. Dann holten wir unser Handwerkszeug aus dem Kofferraum: eine Art Schlagstock mit einer langen Klinge, die sehr gefährlich aussah, aber nicht allzu scharf war. Dennoch eine sehr überzeugende Waffe!

Das war mein erster Job, aber ich war mir sicher, dass ich ihn gut machen würde. Und alles, was ich zu fassen bekommen würde, würde mir gehören! Ich genoss diesen Gedanken, als wir wieder ins Auto stiegen. Dort schob mein Freund seine Hand unter den Sitz und zog etwas heraus, das ich im realen Leben noch nie aus der Nähe gesehen hatte.

Er reichte mir das Ding und ich nahm es bereitwillig entgegen. Ich hatte keine Ahnung, *absolut keine Ahnung*, was ich damit anfangen sollte, oder auch nur, wie man es überhaupt einsetzte. Doch als ich es ergriff, spürte ich, wie meine Hand warm wurde … ich spürte eine Macht, wie ich sie noch nie zuvor erlebt hatte. Es fühlte sich an wie eine Verlängerung meines Arms.

Ich hörte auf zu denken, war nur damit beschäftigt zu *sein*. Ich mochte dieses Ding. Ich hob es an meine Nase und atmete seinen Geruch ein, ich hielt es an mein Gesicht. Ich wusste nicht einmal, ob es geladen war oder ob es einen Sicherungshebel hatte. *Ich wusste es nicht!* Trotzdem blieb ich völlig cool und steckte es in meine Tasche.

Als wir uns dem Haus näherten, dachte ich: *Okay, ich gehe durch die Tür und … Mein Freund ist zwar viel erfahrener als ich. Er ist sehr groß, sehr stark, sehr taff. Aber nicht verrückt.* In diesem Moment beschloss ich, dass dies der Zeitpunkt war, an dem Mad Mick – der verrückte Mick – geboren werden sollte, und so war es auch. Ich hatte meine erste Persönlichkeit erschaffen.

Würden wir an die Tür klopfen? Würden wir die Klinke drücken, um zu sehen, ob die Tür offen war? Würden wir die Tür eintreten? Ich beschloss, mich im Hintergrund zu halten und meinem Freund den Vortritt zu lassen. Ich würde ihm einfach folgen und sehen, was passierte.

Ein kurzer Weg führte zum Haus. Es war dunkel, aber das Licht im Inneren schien durch die Vorhänge und warf einen goldenen Streifen auf den Rasen vor dem Fenster.

Wir schlichen hinter das Haus. Es lief Musik, und als wir zur Hintertür gelangten, die weit offen stand, waren auch Stimmen zu hören. In diesem Moment löste sich mein Plan, meinem Freund den Vortritt zu lassen, in Luft auf. Stattdessen rannte ich hinein, schrie herum und machte so viel Lärm wie möglich, um die anwesenden Personen einzuschüchtern. Ich ging direkt ins Wohnzimmer, wo wir zwei Männer und eine Frau vorfanden, und hielt sofort einem von ihnen die Rückseite der Klinge an den Hals (ich bin ja nicht dumm).

Ich konnte nicht anders. Ich schob meine Hand in meine Tasche und zog das … spezielle Ding heraus. Das *Gefühl,* das es mir vermittelte, war, als hätte ich gerade dem Teufel die Hand geschüttelt! So machtvoll. Als ich es in den Raum richtete (bizarrerweise nahm ich in diesem Moment die orangefarbenen Sitzkissen auf der braunen Couch wahr und dachte: *Orangefarbene Sitzkissen auf einer braunen Couch? Wie unpassend*!), fing das hübsche, junge Mädchen in dem kurzen T-Shirt an zu schreien und zu weinen. Als mein Freund sie daraufhin anschrie und schubste, hörte sie jedoch schnell wieder auf. Dann begann er, das Haus zu durchwühlen, während ich im Raum blieb. Die Situation beruhigte sich ein wenig, und nachdem er gefunden

Es kam mir vor, als wären die letzten Minuten in Zeitlupe abgelaufen – als wäre mein Kopf unter Wasser gewesen, sodass alle Geräusche gedämpft gewesen waren. War das wirklich passiert?

hatte, was wir suchten, stopften wir die vollen Taschen in den Kofferraum und fuhren einfach weg.

Es kam mir vor, als wären die letzten Minuten in Zeitlupe abgelaufen – als wäre mein Kopf unter Wasser gewesen, sodass alle Geräusche gedämpft gewesen waren. War das wirklich passiert?

Während wir fuhren, begannen wir zu lachen. Wir bogen auf eine kleine Raststätte ab und rauchten beide ein paar Joints. Das Adrenalin, das durch unseren Körper schoss, war gut. Sehr, sehr gut. Es war fast wie dieser herrliche Moment nach dem Sex, wenn man sich ganz seinen Gefühlen hingibt ... da ist dieses Gefühl von Kraft, bevor es dann langsam verebbt. Crack verschafft einem genau so ein Gefühl. Wenn man jedoch weiterraucht und versucht, dieses Gefühl erneut heraufzubeschwören, gelingt es leider nie mehr so ganz ...

Zurück in der Stadt fuhren wir zum Haus meines Freundes und trugen die Taschen hinein. Ich bemühte mich sehr, alles abzuwischen, was ich angefasst hatte – um meinen Freund machte ich mir kaum Sorgen! Ich fuhr sogar über den Türgriff im Auto. Es würde nichts auf mich hindeuten.

Ich hatte immer noch dieses besondere Ding ... ich wischte es ab und war ein bisschen traurig, dass ich es zurückgeben musste. Ich hätte es gern behalten.

Mein Freund sah mich an und sagte: »Du willst doch auch so eins, oder?«

»Ja, absolut! Kannst du mir eins besorgen?«

»Kann ich.«

Damit war ein weiterer Handel geschlossen. Ich sollte mein erstes »Ding« in einer Woche abholen.

Nun zur Beute. O mein Gott! Unglaubliche Mengen an Schmuck – Goldschmuck. Massen von Gras. Und ja, ein Klumpen Kokain, der so groß war wie mein Kopf. So viel Kokain auf einem

Haufen hatte ich noch nie gesehen. Es muss ein halbes Kilo gewesen sein. Was für ein Sieg!

Wir zählten das Geld – es waren über fünftausend Pfund. Das Ganze ist schon viele Jahre her, damals war das ein großer Betrag. Und es war so einfach gewesen, ihn zu beschaffen. Es war Geld für nichts.

Mein einziges Problem war die Tatsache, dass mein Freund mich kannte (wie sollte es anders sein!). Er wusste, dass ich dort gewesen war. Und als ich auf dem Heimweg darüber nachdachte, wusste ich, dass es nur zwei Möglichkeiten gab: Entweder man brachte seinen Komplizen nach dem Job um oder man arbeitete allein. Und da man für die erste Option wahrscheinlich das Urteil »lebenslänglich« zu erwarten hatte, schien es eine gute Idee zu sein, sich für die zweite zu entscheiden.

Es gibt immer Menschen, die andere Menschen hintergehen wollen. Brüder und Schwestern, Väter und Söhne, Ehemänner und Ehefrauen – sie alle haben mir verraten, wo ihre Verwandten Geld oder Drogen versteckt hatten. Es war verrückt! Na ja, die Menschen sind grundsätzlich gierig und böse, und sie tun alles, wenn man nur ein bisschen nett zu ihnen ist – außer den wirklich üblen Dingen.

An diesem Tag beschloss ich, das Risiko zu minimieren. Mad Mick würde immer außerhalb der Stadt arbeiten. Und er würde nur noch allein arbeiten.

An diesem Tag beschloss ich, das Risiko zu minimieren. Mad Mick würde immer außerhalb der Stadt arbeiten. Und er würde nur noch allein arbeiten.

Am nächsten Tag unterhielt ich mich mit meiner Mum und meinem Dad. Sie erzählten mir noch mehr Geschichten, und eine von ihnen war sehr besonders. Sie hatten drei Kannen Kaffee nach Manchester mitgenommen, um ihn dort an die Menschen zu verteilen. Zwei von ihnen waren schließlich leer, wie es zu erwarten war, aber die dritte wurde die ganze Nacht nicht leer. Sie schenkten Tasse um Tasse um Tasse aus, aber der Kaffee versiegte nicht, und am Ende setzten sie sich hin und tranken selbst noch davon.

Und sogar danach war die Kanne immer noch voll!

Ich lachte. Ich glaubte ihnen kein einziges Wort! Doch viele Jahre später, als mein Vater diese seltsame Begebenheit wieder erwähnte, glaubte ich sie. Weißt du, Zeit und Kontext können alles verändern.

Ich habe mich nie besonders vor der Polizei gefürchtet. Das war vor allem meiner Arroganz geschuldet – dem Gefühl, ihnen sowieso immer einen Schritt voraus zu sein. Aber ich hatte die Dinge nicht zu Ende gedacht.

Ich war ein Krimineller, aber im Grunde war ich ein Feigling. Es war sehr unwahrscheinlich, dass ich mit jemandem, der vor mir stand, eine Prügelei anfangen würde. Viel wahrscheinlicher war es, dass ich ihn schlagen würde, wenn er gerade wegsah! Im Laufe der nächsten Jahre wurde mir langsam, aber sicher eins klar: Ich war in eine Welt eingetreten, in der es wahrscheinlich besser war, von der Polizei erwischt zu werden als von den Menschen, die ich verärgert hatte. Und genau das sollte ich auf die harte Tour lernen.

Im Moment jedoch machte ich schnelles Geld. Ich hatte zu dieser Zeit so viele Kontakte in Manchester und Umgebung, dass ich unzählige Aufträge bekam. Und ich beschloss, dass der Mick, der in dieser Region arbeitete, nicht derjenige sein würde, der er zu Hause war.

Ich kaufte mir glänzende Schuhe, schöne Anzüge, Krawatten, Krawattennadeln, eine ausgefallene Uhr – all die Dinge, die den Leuten auffallen würden. Sie würden nicht *mich* ansehen, sondern die Kleider und Accessoires. All das spiegelte nicht wider, wer ich wirklich war. Es fühlte sich jedoch gut an, wenn ich meine neuen Freunde traf und anders gekleidet war als sie und auch ein bisschen anders sprach. Wenn ich dann nach Hause kam, war ich wieder der Familien-Mick – ich fuhr die Kinder zum Boxen und zum Fußball und trank Tee mit meiner Frau. Niemand wusste von meinem zweiten Ich. Genau das war der Punkt, der mich begeisterte. Niemand wusste es.

In Burnley war ich recht sicher. Die Menschen nahmen an, ich sei ein Geschäftsmann oder ein Bauunternehmer, obwohl ich tatsächlich etwas völlig anderes war. Ich habe keinen einzigen Moment darüber nachgedacht, welchem Risiko ich meine Familie aussetzte – nicht nur seitens der Polizei, sondern auch der gesamten kriminellen Szene. Das kam mir einfach nie in den Sinn. Wie du siehst, war ich schon immer ein Mensch, der einfach handelt, ohne über die Konsequenzen nachzudenken – bis ihn die Konsequenzen dann einholen. Es ist seltsam, aber so bin ich einfach.

Innerhalb kurzer Zeit wurde offensichtlich, dass es weit lukrativer war, Ware anzukaufen und wieder zu verkaufen, als Einbrüche zu begehen (und abgesehen davon war es auch weniger unangenehm und bösartig). Also fuhr ich zukünftig diese Schiene. Ich fuhr oft nach Manchester, Liverpool oder Glasgow, manchmal auch nach Leeds, und wenn ich unterwegs war, befand ich mich in einer bizarren Welt, einer Welt, in der die normalen Regeln schlicht keine Anwendung fanden, weil ich meine Regeln selbst machte.

In Liverpool trug ich Jeans und T-Shirt.

In Glasgow eine Sporthose, Sportschuhe und ein Baseballkappe.

In Manchester einen Anzug.

Wenn ich an den verschiedenen Orten unterschiedliche Kleider anzog, fühlte ich mich, als würde ich in eine neue Haut schlüpfen, als würde ich jemand anders werden.

Zu dieser Zeit meines Lebens nahm ich mehr und mehr Drogen, sodass mein Denken zunehmend psychotisch wurde – geradezu paranoid. Ich glaubte, andere Menschen würden ein Komplott gegen mich schmieden, obwohl das nicht der Fall war. Mein schizophrener Lebensstil begann, seinen Tribut zu fordern.

Mein schizophrener Lebensstil begann, seinen Tribut zu fordern.

Eines Tages war ich in Manchester, als mir auffiel, dass ich die falschen Kleider trug. Ich musste die Stadt sofort wieder verlassen, und erst nachdem ich zu Hause gewesen war und mich umgezogen hatte, konnte ich mit dem Job weitermachen. Du siehst also, es war die Person, die die Arbeit machte, die Persönlichkeit, in die ich jeweils schlüpfte – es war nicht wirklich ich. Angesichts der Tatsache, dass ich ständig mit dem Gefühl der Entfremdung lebte, ist es kaum überraschend, dass ich immer kreativer werden musste, um nicht überzuschnappen.

Einmal war ich in Glasgow – ein wundervoller Ort, den ich sehr mochte. Ich verstand zwar nie so ganz, was die Menschen dort sagten, aber ich liebte sie. Sie waren so geradlinig, waren sogar dann ehrlich, wenn sie unehrlich waren! Dort, in Glasgow, ging ich in einen Pub. Es war die Sorte Pub, in der man das abgestandene Bier, das vom Vortag noch auf dem Boden klebt, riechen kann, weil nicht gewischt worden ist. Wenn man genau hinsieht, kann man auf den dunklen Holztischen undeutliche, schemenhafte Bilder erkennen, geformt aus den Rändern von Bier, Kaffee, Tee und was immer dort gestanden hat. Kurz gesagt: Es war ein Pub, in dem man sich die Füße eher auf dem Weg hinaus als auf dem Weg hinein abtrat. Aber dort fanden sich unzählige unterschiedliche Menschen ein.

Wir saßen zu viert an einem Tisch. Die anderen unterhielten sich (im Glasgower Dialekt) und ich hörte zu (weil ich zum Reden ein Wörterbuch gebraucht hätte), der Aschenbecher quoll über, die

Gläser waren stets in Windeseile leer und es interessierte niemanden, ob man Drogen nahm oder nicht. Mit der Zeit wurden die Gespräche immer lauter. Weißt du, wie Rauch in die Luft steigt? Ich war schon immer der Meinung, dass Geräusche dasselbe tun. Wenn du still dasitzt, kannst du sie über dir hören; sie hängen in der Luft wie Rauch, bevor er sich schließlich auflöst.

An dem Tag, als ich mit all diesen harten Jungs in dem zwielichtigen Pub saß, steckte, verdeckt von meiner Jacke, eines dieser speziellen Dinge hinten in meinem Hosenbund. Zudem hatte ich noch etwas in einer Tasche, das ich nicht hätte haben sollen (es war eine große Tasche – ihr Inhalt hätte ausgereicht, um mich für sechs bis zehn Jahre ins Gefängnis zu bringen!). Plötzlich drangen von der Bar verstörende Geräusche herüber.

Zwei Männer waren hereingerannt, und ein Kerl, der an der Bar gelehnt hatte, hatte so viele Messerstiche abbekommen, dass er zu Boden gefallen war. Wenige Minuten später sah man Blaulicht durch das Fenster und alle suchten schleunigst das Weite – weil sie Waffen trugen, Drogen bei sich hatten oder einfach nichts mit der Polizei zu tun haben wollten.

Allerdings gab es keine Fluchtmöglichkeit. Der Hinterausgang war blockiert und vor dem Eingang standen die Einsatzfahrzeuge.

Ich rannte hinter die Bar. Dort hing eine Schürze an einem Haken. Ich zog sie in Sekundenschnelle an und band vorn eine schöne, ordentliche Schleife. Das spezielle Ding und das Zeug aus meiner Tasche warf ich in den Eisbehälter und legte den Deckel darauf. Der Barmann starrte mich wortlos an, aber ich legte einen Finger auf die Lippen. Im nächsten Moment stürmten die Polizisten herein, der Notarzt kam und die Fragerei begann. Ich musste keine einzige Frage beantworten! In einem geeigneten Moment schlich ich mich aus dem Lokal, mit wieder gefüllten Taschen – und nass.

Ich ließ das Chaos hinter mir und sah, wie schön der Mond in dieser Nacht war. Er strahlte großen Frieden aus, der auf mich abfärbte und mich beruhigte. Es fühlte sich an, als hätte ich etwas gewonnen.

Ich wollte keine Drogen herausholen und auf der Straße rauchen, aber ich hatte ein Benzinfeuerzeug in meiner Tasche. Ich schnupperte daran und atmete den Geruch tief ein, damit ich mich besser fühlte – das war immer meine Methode –, und schon bald stellte sich das übliche angenehme, rauschartige Gefühl ein. Ich dachte: *Das Leben ist ziemlich gut. Das Leben ist ziemlich gut.*

Ich ließ das Chaos hinter mir und sah, wie schön der Mond in dieser Nacht war. Er strahlte großen Frieden aus, der auf mich abfärbte und mich beruhigte.

Am nächsten Tag holte ich mein Geld ab, und die Unterhaltung drehte sich darum, wo wir uns versteckt hatten. Einer meiner Freunde hatte sich zur Eingangstür hinausgeschlichen und sich hinter einen Busch im Garten geduckt, ein anderer war auf einen Baum geklettert, einer versteckte sich hier, einer dort …

»Und wo warst du? Wo warst du, Mick?«

»Ich war hinter der Bar und trug eine Schürze!«

Meine Kameraden brachen in Gelächter aus. Du siehst, ich konnte gut improvisieren, und wenn es funktionierte, war auch alles gut. Funktionierte es aber nicht, bekam ich Angst, und dann wurde ich, wie gesagt, gefährlich.

Die lange Fahrt nach Hause verschaffte mir Gelegenheit, wieder auf den Boden der Tatsachen zurückzukehren, und ich hing meinen Gedanken nach. Ich dachte: *Wer zur Hölle bin ich eigentlich? Ich bin in jeder Stadt ein anderer Mensch. Ich weiß nicht mehr, wer ich eigentlich bin.*

Dann kam mir eine weitere Frage in den Sinn: *Mick, woran hast du eigentlich Freude?*

Nun, abgesehen von Drogen und Alkohol fiel mir spontan nicht wirklich etwas ein. Ich wurde traurig. Ich wusste, dass ich immer wieder in verschiedene Rollen schlüpfte und verschiedene Persönlichkeiten vortäuschte, und ich wusste, dass es nicht gut ausgehen würde, wenn ich mein Leben auf diese Weise weiterführte. Irgendwann würde der Tag kommen, an dem all meine Persönlichkeiten zu einer verschmolzen. Jemand würde den Stecker ziehen – und ich einfach in der Versenkung verschwinden.

8

Hetzjagd

Selbst an dem einzigen Ort, an dem ich mich sicher fühlte – meinem Zuhause –, lebte ich in einer Scheinwelt. Ich war stolz auf das Haus. Es gehörte mir. Es war mein Reich. Meine Frau war die Königin und meine Kinder waren Prinzen und Prinzessinnen.

Ich erinnere mich noch daran, wie ich eines Sommermorgens früh aufwachte und mich auf die Veranda setzte. Ich betrachtete die goldenen Äpfel am Baum und die schönen rosafarbenen und hellgelben Rosen in unserem Garten. Sie waren so voller Leuchtkraft und Leben. Eine Biene summte gemächlich um sie herum und kroch auf der Suche nach Pollen in die Blüten. Es war alles so friedlich!

Doch plötzlich zerriss ein lautes Klopfen an der Haustür wie ein Donnerschlag die Stille. Ich stand auf und öffnete die Tür – Polizei! Sie hatten das Haus umzingelt. Da standen Autos und Kastenwagen. Schnell machte ich einen Schritt zurück. Sie versuchten, mich zu packen, während ich mich wegduckte, um mich schlug, schrie und versuchte, mit ihnen zu reden.

Am Ende musste ich auf einem Stuhl sitzen bleiben, während sie das Haus von oben bis unten nach Feuerwaffen durchsuchten. Das war in Ordnung. Ich wusste, dass keine Waffen im Haus waren. So dumm bin ich nicht.

Meine Frau war völlig aufgelöst, meine Kinder hingegen waren fasziniert! Und nachdem ich sie dazu ermutigt hatte, waren sie gegenüber den Polizisten auch recht frech. Das wiederum machte mich sehr stolz. Allerdings lehrte ich meine Kinder auf diese Weise leider, Autorität zu hassen. Ich brachte ihnen bei, so zu sein wie ich, was wirklich eigenartig war, weil ich selbst nicht wusste, wer ich war.

Nachdem die Polizisten das Haus stundenlang durchsucht hatten, beförderten sie mich auf den Rücksitz eines Vans und fuhren mit mir zur Polizeidienststelle. Dort steckten sie mich in eine Zelle. Ich saß einfach da und dachte … nichts. Ich hatte keine Angst. Ich war nicht nervös. Nicht beunruhigt. Nur gelangweilt.

Nachdem sie mich in ein Vernehmungszimmer geführt hatten, weigerte ich mich zu reden, es sei denn, ich bekäme vorher eine schöne Tasse Kaffee und eine Zigarette. Natürlich wollten sie reden. Also bekam ich meinen Kaffee und meine Zigarette. Das war mein erster Zug in diesem Spiel. Es setzte sich damit fort, dass sie mich fragten: »Wollen Sie einen Anwalt?« Zu dieser Zeit wurden Vernehmungen nicht gefilmt, sondern nur auf Tonband aufgenommen. Da waren also ich, sie, ein Tisch und ein Aufnahmegerät.

Sie stellten ihre Fragen.

»Wir haben eine Feuerwaffe in Ihrem Haus gefunden. Können Sie uns etwas darüber sagen?«

Was? Sie mussten sie hineingeschmuggelt und dort platziert haben! Eine andere Erklärung gab es nicht.

Doch das waren zwei seriös aussehende Kriminalbeamte. Sie sahen nicht aus wie Clowns, sondern wie zwei intelligente Menschen. Und sie hatten einen Fall. Einer von ihnen zog eine Pistole aus einer durchsichtigen Beweistüte und sagte: »Für das Protokoll: Ich zeige Mr Fleming eine Feuerwaffe, die in seinem Haus unter dem Wäschetrockner in der Küche gefunden wurde.«

Ich starrte die Pistole an und dachte: *Bin ich in einem Traum? Bin ich auf einem Drogentrip? Oder in einer Fernsehshow?* »Für das Protokoll: Ich zeige Mr Fleming eine Feuerwaffe, die in seiner Küche gefunden wurde.« Ich spürte, wie Heiterkeit in mir aufstieg. Sie kam einfach, unkontrollierbar. Vier oder fünf Minuten lang konnte ich nicht aufhören zu lachen. Am Ende lag mein Kopf auf dem Tisch und mein Gesicht war nass von Tränen.

Meine Antwort war sehr einfach: »Für das Protokoll: Sie haben hier eine Banane, an deren Ende eine Erdbeere steckt – Sie zeigen mir eine hellgelbe Wasserpistole aus Plastik mit einem roten Griff. In meinem Haus leben drei Kinder. Fürs Protokoll: Sind Sie übergeschnappt?«

»Es gibt keinen Grund, so mit uns zu reden! Wir haben Ihnen eine ernsthafte Frage gestellt!«

»Ich habe nichts mehr zu sagen. Klagen Sie mich an. Oder lassen Sie mich frei. Bitte klagen Sie mich dafür an, dass ich im Besitz einer hellgelben Wasserpistole bin und die Absicht habe, andere Menschen damit nass zu machen. Bitte.«

Ich wurde schnell auf freien Fuß gesetzt, ohne angeklagt zu werden, aber ich wusste, dass ich unter Beobachtung stand.

Ich wurde schnell auf freien Fuß gesetzt, ohne angeklagt zu werden, aber ich wusste, dass ich unter Beobachtung stand. Zwei Tage später wurde ich wegen eines Verkehrsdelikts angehalten, doch nachdem er über Funk meine Personalien abgerufen hatte, sagte der Polizist nur: »Okay, fahren Sie weiter.« Nach dem Zwischenfall mit der Wasserpistole wollten sie das Risiko, mich wegen eines dummen Vergehens im Straßenverkehr zu verhaften, nicht eingehen. Sie suchten nach etwas Handfestem.

Ich musste mich vorsehen. Vielleicht sollte ich ein wenig mehr zu Hause bleiben.

Als ich in meinem Wohnzimmer saß, hatte ich das Gefühl, erneut einen Sieg davongetragen zu haben. Ich fühlte mich unberührbar. Aber sie waren auf der Suche.

Jemand musste geredet haben.

Irgendwo.

In den frühen Morgenstunden zerriss ein gigantischer Knall an der Haustür die Stille. Der Lärm hallte durch das ganze Haus.

Ich sprang auf, zog eine Trainingshose an und stolperte auf der Suche nach dem Schlagstock, den ich immer neben meinem Bett liegen hatte, in der Dunkelheit herum. Ich hörte meine Tochter schreien und das Tapsen von Füßen, die die Treppe hinunterrannten. Ich dachte: *Das könnte der Tag werden, an dem ich ernsthaft verletzt werde.*

Dann lautes Schreien: »Polizei! Wir sind bewaffnet! Keine Bewegung!«

Meine kleine Tochter rannte zu mir. Sie sprang mir in die Arme und ich fing sie auf, als die Polizisten mit Taschenlampen und Feuerwaffen in den Raum stürmten.

»Setzen Sie das Kind ab! Setzen Sie das Kind ab!«

»Auf keinen Fall. *Auf keinen Fall!* Ich werde kämpfend untergehen. Sie können mich töten, wenn es sein muss.« Ich fühlte diese Draufgänger-Mentalität in mir. Kennst du dieses Gefühl, das man hat, wenn man harten Alkohol trinkt? Wie er einem in der Kehle brennt und die Augen leicht tränen, wenn er den Magen erreicht? Ich liebte dieses Gefühl! Und ich wollte, dass etwas passierte. Ich wollte, dass sie etwas taten.

Es dauerte jedoch nicht lange, bis das Adrenalin nachließ. Meine Nackenhaare und sogar die Haare auf meinen Händen stellten sich auf.

»Setzen Sie das Kind ab, Mick.« Direkt neben mir war eine Polizistin. »Geben Sie mir das kleine Mädchen.«

Das lange, verwuschelte Haar meiner Tochter hing in meinen Augen, sie schluchzte und ich verspürte Hass auf die Polizisten. Ich hatte keine Ahnung, was ich falsch gemacht haben sollte – sie waren es! Es waren schon immer wir und sie.

Schließlich ließ ich mir das Kind von ihr abnehmen. Doch statt gefügig zu werden, wurde ich aggressiv. Sie warfen mich aufs Bett, legten mir Handschellen an und verfrachteten mich auf den Rücksitz eines Kastenwagens.

Ich hatte keine Ahnung, was ich falsch gemacht haben sollte – sie waren es! Es waren schon immer wir und sie.

Wieder einmal.

Die Polizisten hatten Kontakt zu meiner Mutter aufgenommen, und ich danke Gott noch heute für diese Frau. Als meine arme Exfrau sehr krank wurde, war Mum zu einer Mutter für meine Kinder geworden. Ich wusste, dass sie bei ihr in Sicherheit waren. Aber auf der Fahrt zum Polizeirevier fragte ich mich, warum sie mit Waffen und Geschrei in unser Haus eingedrungen waren, anstatt mich irgendwo anders in Haft zu nehmen. Sie wussten, dass dort Kinder waren. Ich konnte nicht aufhören, darüber nachzudenken, was meinen Kindern hätte passieren können.

Natürlich lag alle Schuld bei der Polizei.

Wieder stellten sie mir Fragen. Ich gab keine Antworten. Und wurde freigelassen.

Doch es passierte immer öfter, dass ich verhaftet wurde, und die Wahrheit ist: Meine geistige Leistungsfähigkeit war erschöpft. Ich konnte nicht mehr denken. Es gab Tage, an denen ich ohne Alkohol oder Drogen nicht atmen konnte. Und dann bekam ich dieses »Gott-sei-Dank-Gefühl« und konnte wieder neu anfangen.

Eines Tages war ich im Auto unterwegs – in meinem eigenen, nicht in einem gestohlenen –, als ich plötzlich im Seitenspiegel ein Polizeiauto hinter mir entdeckte. Das Blaulicht ging an und sie versuchten, mich an den Straßenrand zu drängen und zum Halten zu zwingen. Aber ich beschloss im Bruchteil einer Sekunde: *Ich werde nicht anhalten! Ich habe es satt, von ihnen schikaniert zu werden. Aber ich werde auch kein Gesetz brechen.*

Da saß ich also in meiner hellroten, glänzenden Kiste und fragte mich, wie ich sie ärgern konnte. Ich ließ das Fenster herunter und suchte nach etwas, das ich zusammenknüllen und hinauswerfen konnte – einen Kassenzettel, ein Kaugummipapier, irgendetwas. Sie würden mich beobachten und sich fragen, ob ich vielleicht Drogen loswerden wollte – sicher müsste dann jemand zurückgehen und das nachprüfen, und das würde sie wertvolle Zeit kosten.

Als ich jedoch weiterfuhr – mit knapp fünfzig Stundenkilometern und ohne zu beschleunigen –, sah ich, dass hinter mir nicht mehr nur ein Auto war – da war ein ganzer Konvoi von Polizeiautos und Kastenwagen, unter ihnen ein Allradfahrzeug, das ich als bewaffnetes Einsatzfahrzeug erkannte. Ich hatte keine Waffen und keine Drogen bei mir, nur ziemlich viel Geld in meiner Brieftasche, aber das war kein Verbrechen.

Ich bog nach links ab, fuhr einen Hügel hinunter und sah einen Sportplatz, der zu einer Schule gehörte. Die Kinder rannten herum und wurden von den Lehrern beaufsichtigt – der perfekte Ort, um anzuhalten, weil die Polizisten dort nichts unternehmen würden. Ich fuhr an den Straßenrand, und sofort war ein Polizeiauto vor mir, eines hinter mir und eines an meiner Seite. Ich war eingekeilt, konnte nirgends hin und mich nirgends verstecken. Ich blieb ruhig sitzen.

Laute Rufe: »Steigen Sie aus dem Fahrzeug aus! Steigen Sie aus dem Fahrzeug aus! Steigen Sie aus dem Fahrzeug aus!«

Ich drehte mich um und sah unzählige Polizeibeamte, die um meine glänzende rote Kiste herumstanden. Sie hielten Waffen auf mich gerichtet! Ich lächelte, küsste das Fenster und zündete mir eine Zigarette an. Ich fühlte mich wie ein lebendiger Fisch in einer Konservenbüchse. Ich sah all die Augen, die mich anstarrten, und mir schien, als hätten sie Angst. Ich hatte keine.

Ich zog ein letztes Mal an der Zigarette und sah in den Rückspiegel. Wieder einmal war die Person, die sich mir dort zeigte, nicht ich – ich wusste nicht, welcher Mick ich diesmal war. Meine verschiedenen Persönlichkeiten vermischten sich. Ich sah geschwungene Augenbrauen und eine unnatürliche Gesichtsfarbe – sie hatte einen gräulichen Ton, wie man ihn bei Menschen sieht, kurz bevor sie sterben. Aber das Lächeln! Wie kann man lächeln, wenn man von bewaffneten Polizisten umgeben ist, die Befehle brüllen?

Ich sah all die Augen, die mich anstarrten, und mir schien, als hätten sie Angst. Ich hatte keine.

Während der Rauch, den ich ausblies, im Auto umherwaberte, dachte ich: *Was soll ich jetzt tun?* Alles, was mir jetzt noch blieb, war Rebellion. Plötzlich hörte ich das Bersten der Heckscheibe, und als ein Polizeibeamter seinen Schlagstock erhob, um auch die Windschutzscheibe einzuschlagen, hielt ich ihm mein Gesicht direkt entgegen.

Aha, sie waren zu diesem Zeitpunkt also nicht wirklich scharf darauf, mich zu verletzen. Vielleicht glaubten sie, dass ich eine Waffe hatte. Vielleicht hielten sie mich auch einfach für verrückt. Bei diesem Gedanken musste ich wieder lächeln. Etwas in mir fühlte sich sehr böse an – und es gefiel mir.

Dann strömte Reizgas ins Auto. Der Geruch, der Geschmack! Meine Augen brannten und tränten, geplatzte Äderchen färbten das Weiß darin in grelles Rot. Ich würde aus diesem Auto herausmüssen.

Als ich hustend und mit tränenden Augen die Tür öffnete, war es, als würde ich durch Milchglas blicken. Ich sah nur vage Konturen und hörte so viele Stimmen in dem Chaos.

Ein Polizeibeamter trat an mich heran. »Legen Sie sich auf den Boden! Legen Sie sich mit dem Gesicht auf den Boden! Die Hände auf den Rücken! Legen Sie sich hin!«

Den meisten Menschen wäre es sicher vernünftig erschienen, diesen Befehlen Folge zu leisten, wenn sie nicht sterben wollten.

Aber *ich* wollte nicht *leben!* Deshalb holte ich aus, packte einen der Polizeibeamten am Hals und warf ihn über die Motorhaube des Autos. Wir kämpften und rollten dabei umher, bis sie erneut Gas einsetzten. Sie zogen mich von dem Beamten weg, drückten mich auf den Asphalt und legten mir Handschellen an.

Ich hörte auf, zu kämpfen und mich zu winden, weil ich wusste, dass es mir nichts nützen würde. Vielleicht war ich verrückt, vielleicht auch nicht. Der Geschmack des Asphalts in meinem Mund war nicht angenehm. Sie gossen Wasser in meine Augen und gaben mir etwas zu trinken. Und während sie mein Auto durchsuchten, wurde ich in einen Kastenwagen gestoßen. Dann fuhren wir los.

Sie machten einen Paraffintest, um das Fahrzeug auf Spuren von Feuerwaffen und was auch immer zu untersuchen. Ich wurde nicht angeklagt, aber ich wusste, dass sich die Schlinge um mich zuzog. Als ich viele Jahre später den Polizeibericht über den Einsatz las, war ich entsetzt. Da hieß es: »Wir entdeckten Flemings Auto um fünfzehn Uhr. Über Funk holten wir uns die Erlaubnis, Feuerwaffen auf das Fahrzeug zu richten und sie, wenn nötig, auch einzusetzen. Fünfzehn Uhr zehn: Wir stoppten Fleming und brachten die Waffen in Anschlag.«

Ich hatte so nah davorgestanden, erschossen zu werden. So nah. Ich wollte sterben. Aber ich hatte nicht den Mut, mich selbst umzubringen, deshalb dachte ich, ich könnte dem Westernklassiker

Butch Cassidy and the Sundance Kid nacheifern und in einem Gewehrfeuer des Ruhms untergehen. Ich würde hinausrennen, sie würden mich niederschießen und ich wäre ein Held, ein Volksheld, der für immer leben würde.

> Ich hatte so nah davorgestanden, erschossen zu werden. So nah. Ich wollte sterben.

Doch so funktioniert das in der realen Welt nicht. In der realen Welt rufen Kinder weinend nach ihren Müttern und Vätern. In der Nacht nach diesem Zwischenfall lag ich, wieder frei, allein in meinem Bett und hörte im Zimmer nebenan mein kleines, hübsches Mädchen schluchzen: »Ich will meine Ma…, meinen Pa…, meine O…« Ihr Schluchzen verfolgte mich viele Jahre lang. Ein kleines Mädchen, das nicht wusste, wen es rufen konnte, als es in Not war.

Das ist es, was Verbrechen und Drogen in Familien anrichten – sie reißen sie langsam auseinander. Ich hatte Glück, einen guten Vater und eine gute Mutter zu haben. Sie waren zu elterlichen Vorbildern für meine Kinder geworden. Und so selbstsüchtig, wie ich war, ließ ich es zu.

Mick mit etwa 18 Monaten in den späten Sechzigern

Auf einem Familienurlaub mit Micks Schwester Ann

Mick im Alter von 11 Jahren

Mick in seinen Teenagerjahren

Als Familienpapa mit seinen beiden ältesten Kindern

Mick 2001 mit seiner zweiten Frau
und seinem jüngsten Sohn Jack

Mick mit seinem Dad und seinen zwei ältesten Söhnen 2015

Seine Ernennung zum Pastor 2019
neben Bischof Steven Lyn Evans

Seine beiden älteren Söhne und er am Tag seiner Hochzeit 2020

Hochzeit mit Sarah im September 2020

Auslieferung von Essenspaketen während der Pandemie 2020

Der königliche Besuch in der Church on the Street, Januar 2022

Der Herzog und die Herzogin von Cambridge
mit Deacon und seiner Uroma

Die Herzogin mit einigen ehrenamtlichen Helfern

William und Sarah, Micks Frau

Micks Gebet mit dem Herzog und der Herzogin

9
Der Abschied

Ich näherte mich dem endgültigen Absturz. Die größte Angst meines Lebens begann, Realität zu werden. Jetzt war alles möglich.

Es schien ein ganz normaler Morgen zu sein. Ein Drink. Eine Droge. Eine Rasur. Schicke Kleidung. *Ich weiß, wo ich heute hingehe,* dachte ich, ohne zu ahnen, dass in nur zwei Stunden das Gewitter, der Hurrikan, der Tsunami losbrechen würde …

»Michael, hier ist dein Vater! Kannst du so schnell wie möglich kommen? Deine Mutter ist zusammengebrochen!«

Ich rannte sofort los. Es war mir immer gut gelungen, in einem Notfall einen kühlen Kopf zu bewahren, aber als ich ins Haus lief, sah ich, dass mein Vater völlig am Ende war. Er sagte, meine Mutter sei oben im Badezimmer. Sie hatte einen Schlaganfall erlitten, lag auf dem Fußboden und war nicht mehr ansprechbar. Ich trug ihm auf, sofort den Notarzt zu rufen, und während wir warteten, saß ich neben ihr und dachte, wie schön sie immer noch aussah mit ihrem dunkel gefärbten, lockigen Haar. Mir fiel auf, dass sie kleine rote Linien auf der Wange hatte – geplatzte Äderchen …

»Mum«, sagte ich, »wenn du mich hören kannst, drück meine Hand.« Ein leichter Druck! Dann sagte ich etwas, das ich, glaube ich, noch nie zu jemandem gesagt und auch so gemeint hatte: »Ich liebe dich, Mum. Ich liebe dich.«

Ich hörte die panische Stimme meines Vaters, der meine Schwestern anrief… Ich war ruhig. Ich steckte mitten im Chaos und wusste bereits, dass meine Mutter es nicht schaffen würde. Aber es war in Ordnung, weil ich mich ganz auf diesen Moment konzentrierte.

Der Notarzt kam, wir rasten ins Krankenhaus und brachten sie hinein … und dann ging ich. Kennst du die Filme, in denen es eine große Explosion gibt und der Schurke – oder manchmal auch der Held – sich umdreht und einfach weggeht, während alles um ihn herum in sich zusammenfällt? Das war ich. Ich überließ alles Weitere meinem Vater und meinen Schwestern. Ich hatte meinen Teil getan und brauchte einen Drink. Dringend.

In der Türverkleidung meines Autos steckte noch eine Flasche Wodka. Als ich den Deckel abschraubte, roch er stärker als sonst. Die Flasche selbst sah heller aus, das Etikett glänzte und der Inhalt tanzte. Ich nahm den ersten Schluck. Fühlte das Brennen. Dann kippte ich den Rest hinunter. Aaah… so viel besser. Als ich den Deckel wieder aufschraubte, sah ich die Narbe auf meiner Handfläche.

Was hätte ich nicht alles dafür gegeben, die Zeit zurückdrehen zu können!

Ein weiterer Anruf an einem anderen Tag: »Du musst ins Krankenhaus kommen, Michael. Wir müssen uns nun endgültig verabschieden.«

Als ich hineinging, fühlte ich nichts. Ich hatte bereits gewusst, dass sie nicht mehr nach Hause kommen würde. Ich hatte es einfach gewusst.

Meine Schwester und mein Vater saßen in Tränen aufgelöst in dem winzigen Aufenthaltsraum neben dem Zimmer, in dem meine Mutter lag. Sie ließen mich allein zu ihr gehen. Ich nahm ihre Hand und fragte: »Kannst du mich hören, Mum?« Diesmal gab es keinen bestätigenden Händedruck. Ich glaube nicht, dass sie wusste, dass ich da war. Ihre Atmung hörte sich grauenhaft an. Sie erinnerte mich an einen Traktor – so schwer und echolastig –, und ich wusste, dass es das Rasseln des Todes war. Sie näherte sich immer mehr dem Ende. Ich dachte: *Ich hoffe, sie hat keine Schmerzen – im Gegensatz zu mir.*

Was hätte ich nicht alles dafür gegeben, die Zeit zurückdrehen zu können!

Als ich nach unten sah, fiel mein Blick auf ihre Handtasche. Ich wusste nicht, warum sie überhaupt noch dort stand. Was konnte sie ihr jetzt noch nützen? Ich steckte die Hand hinein, öffnete ihre Geldbörse und sah einen Zwanzig-Pfund-Schein. »Ich nehme ihn mir, Mum. Du wirst ihn nicht mehr brauchen.« Ich wusste, wofür ich ihn einsetzen würde.

Dann ging ich aus dem Zimmer, ohne noch einmal zurückzublicken. Ich küsste sie nicht auf die Stirn – das tat ich erst später in meinen Träumen. Ich streichelte ihr nicht übers Gesicht und sagte: »Mum, ich werde dich vermissen. Ich liebe dich.« Ich wünsche mir so sehr, ich hätte es getan. Aber ich sagte nur zu meiner Familie: »Ich bleibe nicht länger hier«, und verließ das Krankenhaus.

Ich ging in einen nahe gelegenen Pub, zog den Zwanzig-Pfund-Schein heraus und starrte auf das Gesicht der Queen, das darauf abgebildet war. Dieses lockige Haar … meine Mum sah ein bisschen aus wie die Queen!

»Einen dreifachen Wodka ohne Eis … Nein, ich will keine Cola. Nur einen dreifachen Wodka, und das schnell.«

Drei Gläser später war ich ruhig und entspannt.

Dann klingelte mein Handy. »Sie ist gegangen … sie ist gegangen.«

Zeit, zu gehen und mir etwas einzuwerfen. Ich nahm Drogen und verbrachte die nächsten zwei Stunden damit, jegliche Gefühle zu unterdrücken. Dann ein letzter Drink. Eine treue Flasche Wodka. Eine Flasche, die dich nie enttäuscht. Sie fühlte sich ziemlich kalt in meiner Hand an, als ich sie aus der Seitenverkleidung des Autos zog, aber ich wusste, dass der Wodka mich von innen wärmen würde. Als ich den ersten Schluck nahm, spürte ich, wie aus meiner Magengrube ein Lachen aufstieg. Lachen ist eine gute Möglichkeit, die wahren Gefühle nicht zuzulassen. Doch das Lachen, das aus meinem Mund drang, war mehr wie ein Gackern, ein abscheuliches Geräusch, das absolut nicht zu der Situation passte – fast wie ein lauter, völlig deplatzierter Schrei mitten in einer romantischen Liebesgeschichte.

Ich hatte das Gefühl, dass mich das Böse fest im Griff hatte.

Und so war es auch.

Bereits einige Zeit vor diesen Geschehnissen hatte ich wieder geheiratet. Doch diese Heirat basierte auf einem gerissenen Plan: Wir würden in verschiedenen Häusern leben. So konnte ich meine Machenschaften fortführen und sie würde es nie erfahren. Meine Frau war wundervoll, und mit ihr bekam ich ein weiteres Kind. Jetzt hatte ich insgesamt vier.

Ich hatte das Gefühl, dass mich das Böse fest im Griff hatte.

Mit dem Tod meiner Mutter schienen meine Abhängigkeiten jedoch außer Kontrolle zu geraten, und meine Fähigkeit, zu denken und zu handeln, verringerte sich stark. Ich wusste nicht mehr, wer oder was ich war. Und das hatte zur Folge, dass ich einfach wegging.

Von allem. Und jedem.

Ich zog durch fremde Städte und setzte mich dort einfach auf Bänke. Ich war völlig verloren. Obwohl ich eine Wohnung hatte, in die ich hätte gehen können, schlief ich auf der Straße, weil es sich angenehmer anfühlte. Nachdem ich sechs oder sieben Tage auf diese Weise verbracht hatte, stolperte ich in eine Kirche. Ich war sehr krank und ungepflegt, aber in diesem warmen Gebäude waren nette Menschen. Dort waren Tische mit Wachstuchdecken, damit man die Tische nicht beschmutzte, und sehr bequeme Stühle. Sie gaben mir Toast – goldfarben und dick mit Butter bestrichen (er schmeckte wie der Toast, den meine Mutter mir gemacht hatte, als ich noch ein kleiner Junge war) – und eine schöne Tasse Tee. Süßer Tee und Toast. Das war so tröstlich.

Es wurde spät und ich merkte, dass sich diese guten christlichen Menschen fragten, wie sie mich loswerden konnten. Sie versuchten, freundlich zu sein, aber sie sahen auf die Uhr. Es war kalt draußen, *sehr kalt.* Ich trug nur ein T-Shirt. Ein Mann und eine Frau unterhielten sich. An ihren Gesten und den Blicken, die sie mir zuwarfen, konnte ich erkennen, dass sie mich gleich bitten würden zu gehen. Aber ich wusste nicht, wo ich hingehen sollte.

»Ich muss jetzt abschließen, Michael, aber bitte fühle dich frei, nächste Woche wiederzukommen. Ich hoffe, es wird alles gut bei dir.«

Als ich die Kirche verließ, war nicht der Wind die Ursache für die Kälte, die ich spürte, sondern die Menschen da drin. Es waren nette Menschen, aber sie hatten keine Ahnung. Ich gehörte nicht zu ihrer Gruppe und sie nahmen mich nicht auf.

Wo war unser Gott?

Als ich die Straße hinunterstolperte, sah ich einen Kerl, der eine Decke um sich geschlungen hatte. Er winkte mich zu sich heran. »Was machst du?«

»Ich weiß es nicht«, sagte ich.

»Wo schläfst du?«

»Überall, wo ich kann.« Von meiner legendären Arroganz war kaum noch etwas zu spüren.

»Setz dich.« Das war fast ein Befehl.

Ich hatte keine Kraft mehr, um zu diskutieren, und so tat ich, was er sagte. Er teilte seine Decke mit mir. Er trug eine dunkle Wollmütze. Ich erinnere mich noch an den Geruch, als er sie abnahm – er war ein bisschen streng, aber tröstlich. Er setzte mir die Mütze auf und ich spürte sofort Wärme. Dann griff er an seine Seite, öffnete eine Flasche Cider und schüttete mir etwas davon in den Mund. Langsame Schlucke. Das Zittern ebbte ab, und langsam, aber sicher kehrte meine Ruhe zurück. Innerhalb von zehn Minuten, nachdem er mir meine Medizin gegeben hatte, ging es mir wieder gut. Er steckte mir eine Zigarette zwischen die Lippen und zündete sie für mich an.

Als ich die Kirche verließ, war nicht der Wind die Ursache für die Kälte, die ich spürte, sondern die Menschen da drin.

An diesem Tag traf ich Jesus. Jesus kümmerte sich um die Kranken. Er liebte die Armen. Er lebte mit den Armen. In der Kirche konnte ich ihn nicht finden, aber ich fand ihn vor dem Eingang eines Ladens.

Wo sonst hätte er sein sollen?

Ich lebte unter sehr schwierigen Bedingungen, obwohl es gar nicht nötig gewesen wäre … Vielleicht bestrafte ich mich damit selbst. Ich roch die Ausdünstungen meines Körpers. Zu meiner Sicherheit trug ich immer ein Messer bei mir. Irgendwie hoffte ich, jemand würde versuchen, mich anzugreifen, zu überfallen oder etwas dergleichen. Meine Gedanken drehten sich unaufhörlich im Kreis wie ein Karussell, und ich wollte einfach nur, dass das aufhörte. Ich dachte wieder einmal, dass ich nur noch sterben wollte. Und ich war bereits dabei, mich umzubringen, aber sehr langsam.

Meine Gedanken drehten sich unaufhörlich im Kreis wie ein Karussell, und ich wollte einfach nur, dass das aufhörte.

Eines Tages saß ich hinter einem Supermarkt neben ein paar Mülltonnen auf dem Boden, als ein junges Paar vorbeikam – ein sympathischer Junge aus der Mittelschicht mit seiner Hippie-Freundin. So ein Typ, der immer helfen will. Es ist so einfach, *so einfach,* solche netten Menschen zu manipulieren. Du kannst von ihnen nehmen, was du willst. Und wenn du sie dann in der Hand hast, kannst du einfach immer fester zudrücken – bis du sie zerquetschst.

Ich erinnere mich noch daran, dass das Mädchen viele bunte Perlen in ihrem Haar und ein sehr nettes Lächeln hatte. Sie war ein klein bisschen mollig, aber sehr hübsch. Und er war … nun, ein Schüler, dessen Haare ein bisschen zu lang waren und der einen Ohrring haben wollte, sich aber nicht traute, denn was würde Mami dazu sagen?

Sie traten an mich heran und fragten, ob ich irgendetwas bräuchte. Ob ich ein Sandwich wolle?

Meine Güte. Ich war auf der Ebene angelangt, auf der mir die Leute Sandwiches kaufen wollten. Mein Leben lief wirklich nicht gut! Aber sie waren nette Menschen. Ich sagte, dass ich zu einer Zigarette nicht Nein sagen würde.

»Wir rauchen nicht.«

»Oh. Okay.«

»Können wir Ihnen ein paar Fragen stellen?«

»Nein. Weil ihr nicht raucht.«

Innerhalb von zwei Minuten waren sie mit einer Schachtel Zigaretten zurück. Ich steckte mir eine in den Mund und zündete sie an. Das war tröstlich. Fast fühlte ich mich wie ein Kind, das beim Stillen durch die Wärme seiner Mutter beruhigt wird. Ich schmeckte den Rauch und blies ihn aus.

Wie sich herausstellte, waren sie beide Studenten und beschäftigten sich gerade mit Sucht und Obdachlosigkeit. Und mit mir hatten sie einen echten Fall gefunden, ein wahres Musterbeispiel. Er hatte einen Block und einen Stift dabei.

»Es sind nur zwei Fragen, die wir Ihnen gern stellen würden: Wie fühlt es sich an, ein solches Leben zu führen? Und was glauben Sie, was die Zukunft für Sie bereithält?«

Ich saß dort an diesem kalten, grauen Tag und starrte in den Himmel. Als ich ausatmete, vermischte sich der Zigarettenrauch mit der Luft, bis ich beides nicht mehr voneinander unterscheiden konnte. Die beiden hatten sich in einer unbequemen Hockstellung neben mir niedergekauert. Ich sah den leichten Schmerz in ihren Gesichtern und fragte mich, warum sie sich nicht hinsetzten. Hätte sie das mir zu ähnlich gemacht? Ich wusste, dass sie höflich sein wollten. Sie warteten, und schließlich sagte ich: »Gib mir den Stift und den Block.«

Wie fühlt es sich an, ein solches Leben zu führen? Und was glauben Sie, was die Zukunft für Sie bereithält? Ich sah auf die leere Seite und stellte mir vor, wie ich mein Leben von Anfang an neu schreiben könnte. Ich spürte, wie sich angesichts dieses Gedankens ein kleines Lächeln auf meinem Gesicht ausbreitete. Aber nein, das war nicht real. Doch als ich den Stift auf das Papier setzte, flossen die Worte plötzlich auf wundersame Weise wie von selbst. Ich habe im Lauf der Jahre oft darüber nachgedacht, und ich

Ich saß dort an diesem kalten, grauen Tag und starrte in den Himmel.

weiß, dass ich damals nicht die Fähigkeit besaß, das zu tun. Ich konnte noch nicht einmal in einer geraden Linie schreiben. (Zu dieser Zeit konnte ich auch nicht in einer geraden Linie laufen.)

> Der kalte Wind schlingt sich um seinen Körper wie ein boshafter Liebhaber. Das dunkle Echo seines Atems entschwindet langsam in eine entfernte Stille. Der vertraute Geruch eines alten Freundes, der ihn nie verlassen wird, liegt schwer in seinem Atem. Er ist auf der Straße zu Hause, doch da war nie eine Tür und nie ein Schlüssel. Einst ein Vater, niemals ein Sohn. Das Aufblitzen eines Mannes, den es nie gab. Ein Opfer, seit er elf Jahre alt war. Ein Kind, das vergessen hat, wie man weint. Albträume, die immer wieder kommen, aber nie verschwinden werden. Schlafen, lächeln, die Berührung von Menschen – all das ist nur für andere. Er fand einen Gott in einer Nadel und Liebe in einer Pfeife.
> Wie lange noch?
> Er bat um nichts und bekam es im Überfluss. Blitzende Lichter. Eine seltsame, ungewohnte Wärme. Entfernte Stimmen. Eine strahlende, blendende Schwärze. Niemand, der weint. Niemand, der Blumen ablegt. Ein namenloses Gesicht, das weder vergessen noch in Erinnerung behalten wird.
> Dann frischt der Wind wieder auf und alle wenden sich ab.

Ich weiß noch, wie ich in ihre Gesichter sah, als ich ihnen den Block zurückreichte. Sie standen auf (ich bin mir sicher, dass ich eines ihrer Knie knacken hörte) und drängten sich aneinander, um mein Gekritzel zu lesen. Ich sah, wie eine durch die Mascara des Mädchens schwarz gefärbte Träne ihre Wange hinabrollte, bis sie auf den Boden tropfte. Der Junge legte den Arm um sie und sie weinten beide.

Eine Beschreibung der Hoffnungslosigkeit.

Eine Beschreibung meiner Person.

Jahre später traf ich den jungen Mann wieder – er arbeitete mittlerweile in einer Alkohol- und Drogenberatungsstelle – und er erinnerte sich an mich. Er hatte das, was ich geschrieben hatte, aufbewahrt! Er hatte es auf seinem Handy abgespeichert und sagte mir, wie sehr es ihn inspiriert hatte. Auch ich hatte diese Worte in meinem Herzen bewahrt.

An jenem Tag war ich mir sicher gewesen, dass ich eines Tages auf der Straße sterben würde.

Aber damit lag ich falsch.

Ich hasste meinen Vater, weil meine Mutter gestorben war. Ich brauchte jemanden, dem ich die Schuld dafür geben konnte, und er war ein leichtes Opfer. Ich wollte ihm nie Gewalt antun, ich wollte ihn nur nicht mögen.

Ich ging zu seinem Haus, weil ich, wie ich ihm sagte, eine Erinnerung, ein Andenken an meine Mutter haben wollte, aber ich glaube, in Wahrheit wollte ich etwas von ihrem Schmuck, damit ich ihn verkaufen und mir Drogen besorgen konnte. Alles, was er mir gab, war eine Bibel. Eine *Bibel!* Sie hatte meiner Mutter gehört. Das war fast eine Beleidigung für mich. Ich sah auf die Bibel und dann wieder in sein Gesicht, und in diesem Moment entdeckte ich etwas in seinen Augen, das mir zuvor nicht aufgefallen war. Er hatte keine Angst vor mir, aber er war misstrauisch geworden – sehr misstrauisch. Ich wusste, dass mein eigener Vater erkannte, wie groß mein Potenzial für üble Machen-

An jenem Tag war ich mir sicher gewesen, dass ich eines Tages auf der Straße sterben würde. Aber damit lag ich falsch.

schaften war. Als ich das Haus mit der Bibel in der Hand verließ, hörte ich, wie sich hinter mir der Schlüssel im Schloss drehte. Es fühlte sich an, als sei mir diese Tür nun für immer verschlossen worden, und wieder einmal starb etwas in mir.

Ich hatte die Bibel genommen, nicht weil sie mir etwas bedeutete, sondern weil ich nicht wollte, dass mein Vater sie hatte. Es sollte noch Jahre dauern, bis ich sie auch nur aufschlug. Aber als ich es tat, fand ich eine solche *Freude!* Mum hatte viele, viele Jahre lang für mich gebetet. Und in ihrer Bibel waren Briefe von Freunden aus dem ganzen Land, die ebenfalls für mich gebetet hatten.

Ich hatte die Bibel genommen, nicht weil sie mir etwas bedeutete, sondern weil ich nicht wollte, dass mein Vater sie hatte. Es sollte noch Jahre dauern, bis ich sie auch nur aufschlug.

Heute kann ich dir sagen, dass die Gebete aus dem Herzen einer liebenden Mutter immer beantwortet werden.

Meine verschiedenen Rollen und Persönlichkeiten gerieten hoffnungslos durcheinander. Das fiel sogar Menschen auf, die mich gar nicht kannten. Wenn ich in Pubs ging, hatte ich lange Messer dabei, die aus meiner Jackentasche herausragten. Ich hatte Elektroschocker und spezielle Dinge in meiner Tasche, denn je schwächer und instabiler ich wurde, desto mehr wuchs meine Angst. Ich versuchte, mich zu schützen – vor mir selbst! Ein solcher Zustand ist immer gefährlich. Wie ein Gebäude, an dem die Abrissmaschinen am Werk sind, wurde auch ich zu Boden geworfen, eine Mauer nach der anderen. Ich hatte angefangen, in meiner Heimatstadt Dinge zu tun, die ich zuvor nur an anderen Orten getan hatte. Meine sorgfältige Planung hatte sich in Luft aufgelöst. Es gab keine

Zeichnungen und Ausarbeitungen mehr. Da war nur noch Krankheit.

An einem dieser kranken Tage saß ich in einem Pub an der Bar und trank.

»Ein dreifacher Wodka, Schätzchen!« Und noch einen. Und noch einen. »Kein Eis, nur Wodka.«

Zu meiner Rechten fiel mir ein sehr muskulöser Typ auf. Er trug einen schönen Anzug und eine wunderschöne Uhr. Ich wusste, von welcher Marke sie war. Er hatte Geld. Sein Anzug passte ihm hervorragend (wenn ich einen Anzug kaufe, sieht er nie so aus!). Ein perfekter Kerl in perfekter Kleidung mit einer Uhr, die mehrere Tausend Pfund wert war. Als er seine Drinks bezahlte, zog er keine Brieftasche heraus, sondern ein dickes Bündel loser Geldscheine. Als ich es sah, beschloss ich, dass das mein Geld war – er gab mein Geld aus. Er gab *mein* verdammtes Geld aus! Mein Verstand stellte öfter solche Behauptungen auf und redete mir ein, sie seien wahr. Und so beschloss ich, mir mein Geld zurückzuholen.

Als er zur Toilette ging, folgte ich ihm. Ich zog das spezielle Ding aus meiner Tasche und hielt es ihm direkt vors Gesicht. Dann drückte ich ihn gegen die Wand und presste meinen Arm auf seine Kehle. Seine Sonnenbräune verblasste, und seine Haut und seine glatte Frisur schienen zu verschmelzen. Er war wie gelähmt. Bereitwillig bot er mir alles an, was er hatte. Ich dachte kurz darüber nach, ob ich mir auch seine Uhr nehmen sollte, aber ich brauchte keine Uhr und wollte auch keine. Also schnappte ich mir nur das Geld und ging. Eine gute Beute, aber seit wann überfiel ich Leute auf der Toilette? Ich? Der Experte in Sachen Kriminalität? Das Genie? Wohl eher ein Gangster. Eine Schande.

Ich dachte, ich sollte das spezielle Ding lieber sofort loszuwerden, und so packte ich es an den Ort, wo es hingehörte. Dann ging ich in einen anderen Pub, bestellte meinen nächsten Drink und unterhielt mich mit einer jungen Frau, die ich sehr mochte, obwohl sie immer ein wenig seltsam gekleidet war. Sie trug immer High Heels, die zwar sehr feminin waren, aber nie die richtige Farbe hatten. So trug sie beispielsweise hellrote Schuhe zu einem schwarzen Kleid. Das schien mir einfach nicht zu passen. Aber sie war sehr hübsch, und ich erinnere mich, dass ich ihr Drinks spendierte, nur damit sie mich beachtete – und um zu sehen, ob ich etwas fühlen konnte. Es war, als würde ich ein Spiel spielen.

Sie setzte ihr Glas ab, an dessen Rand Lippenstift klebte. Es sah grotesk aus – ein leeres, nacktes Glas mit diesen Lippen auf der Außenseite. Und genau das war ich auch: nackt und leer, auf der Suche nach einem Gefühl, jemand, der geliebt und berührt werden wollte.

Ich ging nach draußen vor das Lokal – es war mein Stammlokal, jeder kannte mich dort, es war ein sicherer Ort für mich – und zündete mir eine Zigarette an. Als ich über die Straße blickte, sah ich zwei Polizisten, die hinter einem Auto kauerten. Ich sah ihre Uniformen, ich sah ihre Köpfe.

Ich dachte: *Hier passiert gerade etwas. Irgendetwas ist im Gange*, und ging wieder hinein. Ich hatte Drogen dabei – nicht viel, aber genug, um mich in Schwierigkeiten zu bringen. Deshalb gab ich sie einem Freund, der sie erfreut annahm, mir die Hand schüttelte und sie in seinen Taschen verstaute. Ich sollte sie nie wiedersehen. Das war ein gutes Geschäft.

Wieder draußen. Ich wartete – wartete darauf, dass sie zuschlugen. Was würde jetzt passieren?

Da war eine Bewegung rechts von mir, eine Bewegung links von mir. Ich ging langsam vom Parkplatz auf die Straße, wobei ich jede Kleinigkeit registrierte. Ich konnte jeden Motor, jeden versteckten Polizisten ausmachen. Das sah nach einer großen Operation aus.

Plötzlich tauchten Polizisten mit Feuerwaffen vor mir auf und ich hörte den vertrauten Ruf: »Legen Sie sich auf den Boden! Auf den Boden! Polizei! Wir sind bewaffnet!«

Wieder einmal! Ich liebte es. Ich dachte: *Was passiert, wenn ich jetzt wegrenne? Erschießen sie mich dann? Mal sehen!* Ich rannte los, so schnell ich konnte. Über die Straße, eine Seitenstraße hinunter. Polizisten rannten hinter mir her, Autos folgten mir. Zerbrochen und müde, verloren und betrunken, wie ich war, holten sie mich schließlich ein. Es folgte ein großes Handgemenge. Ich schlug auf einen Polizisten ein und wir wälzten uns im Dreck, im Schmutz und Schlamm …

Als ich aufblickte und sah, wie das Licht der Straßenbeleuchtung auf uns herunterschien, begann ich zu lachen. Es schien mir alles so lustig zu sein – ich kämpfte gegen Polizisten, überall waren Waffen und Autos und ich war wieder in diesem bekannten Film.

Verhaftet. Aber sie fanden nichts. Die Werkzeuge waren wieder in der Werkzeugkiste verstaut. Da waren nur noch ich und das Geld. Es ist kein Verbrechen, Geld zu besitzen, und sehr schwer festzustellen, ob es das eines anderen ist oder nicht.

Ich war wie ein Hund, dem die Leine um den Hals hing. Ich wanderte herum und hoffte, dass jemand die Leine aufnehmen würde, mich streicheln, füttern und mit zu sich nehmen würde.

Man würde niemals annehmen, dass Kriminelle mit schönen Anzügen und teuren Uhren die Polizei rufen würden. Aber wie du siehst: Nicht jeder folgt den Regeln. Als sie mir Handschellen anlegten und mich wegführten, wusste ich jedoch, dass ich *meinen* Regeln folgen musste. Ich würde nichts sagen. Ich hatte nichts zu sagen. Sie würden mich freilassen. Aber ich war so armselig, so verloren. Ich wusste nicht, wer ich war;

ich wusste nicht, was ich wollte. In diesem Moment hätte mich jeder überallhin bringen können.

Ich war wie ein Hund, dem die Leine um den Hals hing. Ich wanderte herum und hoffte, dass jemand die Leine aufnehmen würde, mich streicheln, füttern und mit zu sich nehmen würde.

Aber das tat nie jemand.

Bis ich, wie alle Streuner, im Heim landete.

In der psychiatrischen Klinik.

10

Eine schicksalhafte Begegnung

In den ersten Jahren nachdem ich aufgehört hatte, Drogen und Alkohol zu konsumieren, wusste ich, dass ich dennoch immer noch krank war, aber zumindest ging es mir besser. Ich war geschmolzen und in eine neue Form gegossen worden, hatte dem Engel zugehört und versucht, meine Beziehungen wieder aufzubauen. Wenn mich jemand fragte: »Wie geht es dir, Kumpel?«, sagte ich deshalb immer: »Es geht mir wirklich gut. Ich bin clean, ich bin nüchtern, ich habe seit … nichts mehr genommen. Ich bete auch, weißt du. Doch ja, ich fühle mich gut.«

Doch die Wahrheit war: Ich fühlte mich überhaupt nicht gut, denn ich hatte immer noch all dieses Zeug in mir. Ich wollte nicht, dass es da war, aber es war da, und ich wusste nicht, was ich tun sollte. Wie sollte ich mich ändern? Ich war definitiv ein besserer Mensch als früher und fühlte mich nüchtern auch entschieden wohler. Aber wie sollte ich nüchtern bleiben? Wie sollte ich verhindern, dass ich rückfällig wurde und wieder in mein altes Leben abdriftete?

Ich stellte fest, dass es mir Freude bereitete, anderen Menschen zu helfen, und darüber hinaus profitierte ich auch selbst davon, weil es zu meinem Heilungsprozess beitrug. Ich schöpfte Kraft aus meiner eigenen Schwäche. Und ich betete ständig.

Nachdem ich im Laufe der Jahre so viele verschiedene Persönlichkeiten in mir vereint hatte, sehnte sich ein Teil von mir immer noch danach, jemand anderes zu sein. Aber ich wusste, dass es jetzt an der Zeit war, herauszufinden, wer ich wirklich war, und dann, so gut ich konnte, damit zu leben.

So baute ich wieder eine wunderbare Beziehung zu meinem Vater auf. Nach all den furchtbaren Dingen, die ich ihm angetan hatte – ich hatte sein Haus verkauft, obwohl er noch darin wohnte, hatte sein Geld ausgegeben und ihm sogar ins Gesicht gespuckt, als er in einem Krankenhausbett lag, und mir gewünscht, er wäre tot –, begann ich, ihn wirklich zu lieben. Am Ende seiner Lebenszeit pflegte ich ihn und fuhr ihn herum – wir lernten uns wirklich kennen, bevor er schließlich starb. Es machte mich stolz, dass ich gelernt hatte, die guten Menschen in meinem Leben nicht mehr zu hassen.

Doch in meinen Träumen suchte mich immer noch der durchdringende, verstörende Geruch von Schweiß, vermischt mit Alkohol und Süße, heim. Oft wachte ich auf, weil ich keine Luft mehr bekam. Ich konnte die Erinnerung an dieses furchtbare Erlebnis einfach nicht abschütteln. Ich brauchte nur etwas Bestimmtes zu riechen, zu sehen oder eine bestimmte Musik zu hören und schon brach die Vergangenheit über mich herein. Zwar hatte ich nicht mehr so viel Angst, trug auch keine Waffen mehr mit mir herum und sah dank des Fitnessstudios, in dem ich hart trainiert hatte, stark und fit aus, aber ich wusste immer noch nicht, wer ich wirklich war.

Ich saß in Cafés, trank Kaffee und sah zu, wie die Welt an mir vorbeizog: Ich sah Paaren nach, die händchenhaltend die Straße entlangschlenderten, und fragte mich, warum ich nie so liebevoll gewesen war. Ich sah einen Vater, der seinem Sohn das Haar zerwühlte und dabei ein breites Lächeln auf dem Gesicht hatte – er war stolz auf ihn. Und der kleine Kerl lachte. So etwas hatte ich nie erlebt. Ich hörte, wie andere Gäste Essen bestellten und sich dann ärgerten, weil es nicht schnell genug kam. Mir fiel auf, dass mir Dinge auffielen, und das war gut. Es fühlte sich an, als würde ich neu programmiert.

Mit der Zeit begann ich mich zu fragen, ob ich womöglich eine professionelle Beratung bräuchte, um mit all den Menschen, die ich verletzt hatte, wieder ins Reine zu kommen. Und auch mit all den Menschen, die mich verletzt hatten. Aber da ich mich in einen dieser seltsamen Menschen verwandelt hatte, die ständig beteten, dachte ich, ich sollte vielleicht besser Gott um Hilfe bitten. Und dann traf ich eine lustige Entscheidung, die sogar mich selbst überraschte. Bis zu diesem Zeitpunkt hatte ich jedes meiner Gebete mit den Worten: »Im Namen Jesu« beendet, aber ich hatte ein kleines Flüstern gehört, das mir sagte, dass alle Macht vom Heiligen Geist komme. Also beschloss ich, ihn direkt anzusprechen.

Aber da ich mich in einen dieser seltsamen Menschen verwandelt hatte, die ständig beteten, dachte ich, ich sollte vielleicht besser Gott um Hilfe bitten.

Mein Gebet war schlicht: »Heiliger Geist, befreie mich von all den schrecklichen Dingen, die ich in mir fühle. Ich habe ein bisschen zu kämpfen, Kumpel, und ich weiß nicht, was ich tun soll. Deshalb werfe ich jetzt alles dir hin, und ich werde es auch bei dir lassen. Und wenn ich etwas tun soll, ruf es mir zu! In Jesu Namen. Amen. … Und ich danke auch dir, Vater.« Ich dachte, es sei besser, auf Nummer sicher zu gehen. Wenn es drei von ihnen gab, sollte ich besser zu allen dreien sprechen!

Später fand ich heraus, dass sie alle drei dasselbe, also eins, waren, und das brachte mich ziemlich aus dem Konzept. Aber hey, wir alle müssen lernen.

Innerhalb der nächsten achtundvierzig Stunden machte ich eine Erfahrung, die ich bis heute in meinem Geist und meinem Herzen bewahrt habe, so enorm waren ihre Auswirkungen. Sie veränderte mein Leben von Grund auf. Aber sei gewarnt – die Geschichte, die ich jetzt erzählen werde, ist nichts für schwache Nerven.

Es war ein ganz normaler Tag. Draußen war es kühl und leichter Regen lag in der Luft. Der Wind wirbelte die Blätter die Straße hinunter. Ein weiterer Tag, an dem ich nüchtern war. Das allein hätte mir genügen sollen, tat es aber es nicht, weil ich das Gefühl hatte, nicht wirklich zu leben. Ich wollte mehr.

Ich begann, mit meinem neuen Freund, dem Heiligen Geist, mit Jesus und dem Vater zu reden. Aber es kam nicht viel zurück. Um ehrlich zu sein: Es fühlte sich an wie eine Einbahnstraße.

Ich begann, mit meinem neuen Freund, dem Heiligen Geist, mit Jesus und dem Vater zu reden. Aber es kam nicht viel zurück. Um ehrlich zu sein: Es fühlte sich an wie eine Einbahnstraße.

Also ging ich zu McDonald's und kaufte mir einen Kaffee. Und weil ich immer gern sehe, was ich trinke, und es mag, den Duft zu riechen, wenn ich einen Schluck davon nehme, nahm ich als Erstes den Deckel ab. So schmecke und rieche ich den Kaffee gleichzeitig. Es ist, als würden die eigenen Sinne wacher werden. Als ich den Becher absetzte, ließ ich meinen Blick durch das Restaurant schweifen. Mir direkt gegenüber saß ein Mann. Er war allein. Man merkte sofort, dass er getrunken hatte. Aus seinem Mund kamen seltsame, unzusammenhängende Laute und er schlug seinen Kopf immer wieder gegen die Wand hinter ihm. Mütter mit Kindern rückten von ihm ab, und ich hörte, wie jemand mit einem der Mitarbeiter hinter der Theke über ihn sprach. Aber offensichtlich brachten sie es nicht übers Herz, ihn wegzuschicken.

Ich stand auf und trat näher an ihn heran. Sein Gesicht kam mir seltsam bekannt vor. Es war sehr faltig und sah aus, als hätte er sich drei Monate lang nicht mehr rasiert. Ein grauer Bart und eine Nase, die ein ganz klein wenig aus der Form geraten war … nur ein klein wenig. Er hatte den Geruch von Alkohol an sich, diese Mischung aus Schweiß und Süße … Ich sah, dass seine Hände zitterten. Ich setzte mich neben ihn und fragte, ob er einen Kaffee oder etwas zu essen wolle.

Er hob den Kopf und ich sah seine Augen. Es waren vertraute Augen; Augen, die ich kannte. Dunkel und verloren. »Ja. Ich nehme einen Burger.«

Ich holte ihm einen Burger und einen Kaffee, setzte mich wieder neben ihn und hörte zu, als er mir von seinem Leben erzählte. Er sprach über seine Familie und seine Kinder. Er sagte mir seinen Namen und ich nannte ihm meinen.

Er lächelte und lachte. Ich nicht.

Ich gab ihm noch einen kleinen Geldbetrag für den Bus. Und meine Telefonnummer. Wir vereinbarten, uns wieder zu treffen.

Ich kannte ihn.

Und ich hatte ihn nicht getötet.

Es gab immer noch einen weiteren Tag.

In dieser Nacht konnte ich nicht schlafen. Ich warf mich hin und her, in meinem Kopf drehte sich alles und meine Gedanken wirbelten durcheinander wie in einer Waschmaschine. Der Schmerz, die Narben und Wunden aus der Vergangenheit zerrissen mich innerlich. Ich sah, wie das Licht durch den Vorhang schien, aber diesmal waren da keine Gesichter. Da war gar nichts.

In den frühen Morgenstunden ging ich nach unten, setzte Kaffeewasser auf und zündete mir eine Zigarette an. Während ich darauf wartete, dass das Wasser im Kessel kochte, zog ich die Schublade auf. Ich wollte mir gerade einen Löffel herausholen, als mein Blick auf die langen Messer mit den rasiermesserscharfen Klingen fiel. Ich nahm eines heraus, und sein kalter, schwarzer Griff schmiegte sich so perfekt in meine Handfläche, als gehöre es dorthin. Ich weiß noch, wie ich die Klinge an mein Gesicht hielt, nur um sie zu spüren, und mit meinen Fingern daran entlangstrich …

Es sprach zu mir.

Ich ließ es liegen, ging wieder ins Bett und wartete auf den Morgen.

Ich hatte keine Angst, war nur aufgewühlt, doch ich weinte nicht und biss auch nicht in mein Kissen. Und irgendwann schlief ich nochmals ein.

Als ich aufwachte, sah ich aus dem Fenster. Der Tag hatte nichts Besonderes. Es war nicht dunkel, aber auch nicht hell. Da war nur so ein Gefühl in meiner Magengrube, das schwer zu definieren war.

Mein altes Ich war nicht da. Da war kein Adrenalin, da waren kaum Emotionen.

Ich zog meinen Mantel an, nahm meine Brieftasche und meine Schlüssel und starrte auf das Messer mit dem schwarzen Griff. Ich wusste, dass ich es mitnehmen musste. So eine Gelegenheit würde sich mir vielleicht nie wieder bieten. Also steckte ich es in meine Innentasche. Auf dem Weg zur Tür warf ich noch einen kurzen Blick in den Spiegel. Mein altes Ich war nicht da. Da war kein Adrenalin, da waren kaum Emotionen. Und dennoch musste ich tun, was ich tun musste.

Ich fuhr auf den Parkplatz. Ich war zehn Minuten zu früh dran, was mir noch ein wenig Zeit verschaffte, um nachzudenken und eine Zigarette zu rauchen. Die Erinnerungen fluteten über mich hinweg. Ich roch den Geruch, ich hörte die Drohung: »Wenn du irgendjemandem auch nur ein Wort davon sagst, bringe ich deine Eltern um! Hast du verstanden?« Ich hob eine Hand an meine Kehle und zog die unsichtbare fremde Hand weg. Diesmal! Diesmal würde ich mir die Flasche schnappen und ihm damit das Gesicht zertrümmern. Diesmal würde ich kein Opfer sein.

Während ich in das Restaurant ging, zog ich das Messer aus meiner Innentasche und schob es mit dem Griff voraus in meinen Ärmel.

Da war er. Auf genau demselben Platz. Er lächelte, und als ich zu ihm hinüberging, stand er auf und hielt mir die Hand entgegen.

Und dann passierte es. Meine Fantasie ging mit mir durch. In Gedanken drückte ich ihn gegen die Wand und ließ meinen Arm emporschnellen, ich schnappte mir den Griff des Messers, stieß es seitlich in seinen Hals und drehte es in der Wunde. Ich fluchte, beschimpfte ihn und spuckte ihn an, während er blutend auf seinen Stuhl zurücksank. Ich rammte ihm mein Knie ins Gesicht und sprang auf ihn! Menschen schrien und weinten. Dann zog ich das Messer erneut heraus und schlitzte ihn auf. Ich schnitt ihn. Ich trennte ein Stück seines Ohrs ab, hielt es in meiner linken Hand und drückte es so fest wie damals das Fünfzigcentstück. Dann wendete ich mich ab und ging zur Tür hinaus.

Doch das geschah nur in meiner Fantasie.

Weißt du, ich hatte keine Angst. Ich war nicht mehr der verängstigte kleine Junge. Ich war zu einem Mann geworden.

Nur: Wie begrüßt man jemanden mit der falschen Hand? Denn genau das tat ich. Ich schüttelte ihm die Hand und setzte mich neben ihn. Und diesmal ging *er* und kaufte den Kaffee. Er war nüchterner als am Tag zuvor. Seine Augen waren ein bisschen anders, als ich sie in Erinnerung hatte – es war Farbe darin, sie waren braun, nicht schwarz.

Er erzählte mir von seinem Alkoholismus. Ich sagte sehr wenig dazu. Als ich ihn von oben bis unten betrachtete – seine zerrissenen, stinkenden Kleider und sein verfilztes Haar –, konnte ich nicht glauben, dass ich mein ganzes Leben lang vor diesem Mann Angst gehabt hatte. Er tat mir fast leid.

Wann würde ich es ihm sagen? Wie würde ich es ihm sagen?

Ich spürte das Messer in meinem Ärmel, und weil ich befürchtete, dass es herausfallen könnte, ging ich zur Toilette und steckte es in meine Tasche. Ich wusch meine Hände, und als ich den Kopf hob, sah ich mein Spiegelbild.

Da war keine Dunkelheit in meinen Augen.

Ich verstand nicht, warum ich nicht hasste. Warum ich es nicht tun konnte. Dann erinnerte ich mich an mein Gebet zum Heiligen Geist und das Gefühl, das ich in meiner Magengrube gehabt hatte. Das war kein Hass.

Ich war verändert worden.

Als ich wieder zu ihm zurückging, drehte sich unser Gespräch um die Anonymen Alkoholiker und den Weg aus der Sucht. An diesem Punkt wusste ich, dass ich mehrere Möglichkeiten hatte: Ich konnte es ihm sagen, ich konnte zur Polizei gehen, ich konnte einfach weggehen und ihn nie wiedersehen, ich konnte ihn töten … oder ich konnte ihm helfen.

Ich war verändert worden.

Ich beschloss, ihm zu helfen, von seiner Sucht loszukommen. Und genau das tat ich. Im Laufe der nächsten Monate begann er, sich zu erholen. Doch der Schaden, den er sich über die Jahre hinweg durch den Alkohol zugefügt hatte, forderte einen schweren Tribut, und zwei Jahre später starb er.

Aber er starb nüchtern.

Und er starb, ohne je erfahren zu haben, dass ich wusste, dass er der Mann war, der mich vergewaltigt hatte.

Ab diesem Zeitpunkt war es so, als ob ich nicht länger gefangen wäre, als ob die Ketten zerrissen und einfach von mir abgefallen wären. Ich träumte nicht mehr von ihm, hatte keine Albträume, keine Ängste, keine Sorgen mehr. Ich erinnere mich noch daran, wie ich eine Straße entlangging und das Gefühl hatte, dass meine Beine nicht zu mir gehörten, weil sie gar nicht steif waren. Auch mein Nacken, der jahrelang extrem angespannt gewesen war, schmerzte nicht mehr.

Ich begann, die Liebe Gottes zu spüren.

Siehst du, Vergebung bedeutet nicht, zu sagen, dass alles in Ordnung ist. Vergebung sagt: Ich werde nicht länger in deiner Sünde leben. Ich lasse nicht länger zu, dass das, was du mir angetan hast, mich beherrscht. Es ist schon schlimm genug, mit meiner eigenen Sünde klarzukommen – ich werde definitiv nicht mehr mit deiner leben!

> Vergebung bedeutet nicht, zu sagen, dass alles in Ordnung ist. Vergebung sagt: Ich werde nicht länger in deiner Sünde leben.

Ich war nicht länger ein Opfer, hörte auf, wie ein Opfer zu reden und zu denken, und lebte nicht länger in der Grube, aus der ich nie ganz hatte herausklettern können. Dieser Typ, der Heilige Geist, wusste, was er tat. Ich hatte ihn gefragt, und er hatte mir nach über dreißig Jahren genau den Mann, den ich sehen musste, direkt vor die Nase gesetzt! Aber in alldem hatte ich eine Wahl, denn Vergebung ist eine Entscheidung. Dennoch fühlte ich mich geführt:

Ich hatte nicht das Gefühl, dass ich ihm aus eigener Kraft vergeben hatte.

Die Tatsache, dass ich diesem Mann vergeben hatte, hat mein Leben von Grund auf verändert. Nicht nur meine Einstellung, auch meine Sichtweise und sogar meine Gefühle haben sich gewandelt, und all das hat mir gezeigt, wie ich loslassen kann. Vor allem aber hat es mich die Liebe Gottes gelehrt.

Gott vergibt. Und mir wurde vergeben. Der andere Mann? Das ist eine Sache zwischen ihm und Gott. Sie geht mich nichts mehr an. Gottes Liebe bringt Freiheit. Er hatte seine Gnade in mich ausgegossen und mich dadurch befähigt, das Unmögliche zu tun.

Ich konnte loslassen.

11

Himmlischer Freund

Wenn man es gewohnt ist, sich als ein Opfer zu fühlen und mit Schmerz zu leben, ist es nicht ganz einfach, wenn plötzlich beides wegfällt! Aber schließlich war in meinem Leben nichts wirklich einfach gewesen. Und es konnte schließlich nur besser werden.

Ich muss lächeln, wenn ich jetzt daran zurückdenke, aber nachdem ich gesehen hatte, wie dieser Typ, der Heilige Geist, all diese verrückten Dinge tat, bekam ich eine Art Sehnsucht, mehr über Gott zu erfahren. Ich stellte mir vor, wie er über die ganze Welt hinwegflog, sich durch die Köpfe der Menschen zappte, Situationen und Umstände veränderte und dann mit Jesus lachte, während er ihm erzählte: »Du kommst nie darauf, was ich getan habe! Du kennst doch diesen Kerl, Mick, oder? Ha ha ha, stell dir vor …« Und der Vater sah mich an und war stolz auf mich. Und sie sind alle eins! Vielleicht entwickelte ich durch meine eigenen Erfahrungen und das, was ich um mich herum sah, gerade eine theologische Vorstellung von Gott.

Ich dachte oft über den Schmerz nach, darüber, wie Jesus am Kreuz gelitten hatte, und fing an, wirklich dankbar zu sein, sogar für all die schlimmen Dinge, die ich getan hatte. Mein neuer Freund, der Heilige Geist, führte mir vor Augen, dass sie falsch gewesen waren, doch gleichzeitig nahm er mir meine Schuldgefühle, indem er mir versicherte, dass Gott sie mir vergeben hatte. Meine Gebete veränderten sich: Ich dankte Gott dafür, dass Jesus mich so sehr liebte, dass er mich von meiner Sünde befreit hatte, dass ich durch seinen Tod nun sehen konnte, wer ich wirklich war. Und obwohl dieser Prozess schmerzhaft war, verspürte ich gleichzeitig große Freude.

Das Kreuz hat alles auf den Kopf gestellt und umgekehrt – von innen nach außen, von oben nach unten und von hinten nach vorn. Meine Geschichte war die Geschichte von Jesus. Meine Geschichte war die Erfahrung, die jeder Christ einmal macht: Wenn wir den Schmerz durchstehen, wird unser Leben – und das von den Menschen um uns herum – von Grund auf verändert.

Meine Gebete veränderten sich: Ich dankte Gott dafür, dass Jesus mich so sehr liebte, dass er mich von meiner Sünde befreit hatte, dass ich durch seinen Tod nun sehen konnte, wer ich wirklich war.

Zu dieser Zeit war mein Vater in den Achtzigern und genoss seinen Lebensabend. Wir gingen zusammen aus und redeten und lachten. Oft nahm ich einen meiner Söhne mit, der seinen Großvater dabei sehr gut kennenlernte. Man konnte uns jedes Wochenende in einem der Cafés am Ort sehen, wo wir unsere Lattes schlürften und uns über alles Mögliche unterhielten – über Fußball, das Leben und Gott. So viele Geschichten – zu viele, um sie zu erzählen …

Eines Tages besuchte ich meinen Vater in seinem kleinen Einzimmerbungalow. Er war sehr modern eingerichtet! Meine Schwestern hatten eine hübsche blaue Tapete ausgesucht, und mein Vater musste auf keine Annehmlichkeiten verzichten. Leider sah er nicht mehr gut, da er im Zweiten Weltkrieg mit nur siebzehn Jahren ein Auge verloren hatte, etwas, worüber er nicht gern sprach. Und auch sein anderes Auge wurde immer schlechter.

Er saß in seinem bequemen Lieblingssessel, die Hände auf den Armlehnen, und fragte: »Mick, kannst du für mein Knie beten?« Er hatte Gelenkbeschwerden und stützte sich inzwischen beim Laufen auf einen Stock, doch er hasste es, weil er eigentlich ein unabhängiger Mann war. Er verabscheute den Gedanken, gebrechlich zu werden.

»Wirst du Gott bitten, mein Knie zu heilen?«

Hmm … dies war mein Dad und ich würde laut vor ihm beten müssen!

»Ja, natürlich mache ich das, Dad«, kam es aus meinem Mund. Aber ich fühlte mich sehr unbehaglich dabei, deshalb dachte ich, ich sollte seine Bitte vielleicht besser an meinen neuen Kumpel, diesen Heiligen Geist weitergeben, weil er zu wissen schien, was er tat. Ich glaube, als er das hörte, musste er lachen!

Ich legte meine Hand auf das Knie meines Vaters und fing an: »Heiliger Geist …« Eigentlich wollte ich sagen: »Wenn es für dich in Ordnung ist – das Knie meines Vaters schmerzt ein wenig. Kannst du es heilen? In Jesu Namen, Amen.«

Doch was tatsächlich aus meinem Mund kam, war etwas völlig anderes. Es hörte sich in etwa so an: »Herr, das ist mein Dad, den ich sehr liebe. Lass nicht zu, dass ihn die Erinnerung daran, wie er seine Tochter in seinen Armen aufgefangen und ihren leblosen Körper auf den Boden gelegt hat, noch länger quält, und heile seinen Schmerz über ihren Verlust. Heile sein Knie und nimm jeglichen emotionalen und physischen Schmerz weg, wenn das dein Wille ist. Amen.«

Tödliche Stille. Es schien, als hätte sogar die Uhr aufgehört zu ticken. Als wäre der Fernseher nicht an. Da war kein Geräusch, keiner von uns rührte sich. Wir waren zu Schaufensterpuppen erstarrt. Es fühlte sich an, als sei eine Stunde vergangen, aber es waren nur Minuten.

Mit Tränen in den Augen stand mein Dad auf. Dann ging er durch den Raum und hatte keine Schmerzen mehr! »Er hat es verdammt noch mal geheilt, Mick! Er hat es verdammt noch mal geheilt! Sieh dir das an!« Er beugte sein Knie. Er tanzte. Er versuchte, einen irischen Jig aufs Parkett zu legen! Und auf seinem Gesicht lag ein breites Lächeln, das so ansteckend war, dass man einfach mitlächeln musste.

Ich fühlte mich voller Kraft und gleichzeitig kraftlos. Das war ein seltsames Gefühl. Gott hatte mich gebraucht. Mich, den Verrückten! Das Bein meines Vaters war definitiv in Ordnung und ich fragte mich: *Wie wird es jetzt weitergehen?*

Mittlerweile schien mir die Theologie nicht mehr ganz so kryptisch zu sein, dennoch nahm ich mir vor, mir noch mehr Youtube-Videos über Jesus anzuschauen. Und so kam es, dass ich bei der Bergpredigt landete. Hier sprach Jesus höchstpersönlich und ich dachte mir: *Genau das ist es, was du suchst, Mann. Du willst definitiv hören, was Jesus zu sagen hat! Also spitz die Ohren, und dann schauen wir mal, was passiert.*

Ich fühlte mich voller Kraft und gleichzeitig kraftlos. Das war ein seltsames Gefühl. Gott hatte mich gebraucht.

Was ich dann hörte, war brillant und überraschend zugleich und begeisterte mich sehr, obwohl ich nicht wirklich scharf auf den Abschnitt war, in dem es heißt, dass man sich ein Auge ausreißen und seinen Arm abhacken soll. Es kam vielen Dingen, die ich schon gesehen hatte, einfach zu nahe. Abgesehen davon verstand ich es auch nicht und klammerte es deshalb für mich aus.

Und mit der Bibel erging es mir ähnlich. Das meiste davon begriff ich nicht.

Eines Tages fuhren mein Vater und ich zu meiner Schwester in die Nachbarstadt. Sie war Lehrerin – vernünftig, aus der Mittelschicht, eine wunderbare Frau. Wir setzten uns in ihren Garten, in dem viele schöne Sträucher wuchsen. Überhaupt war alles sehr edel und gepflegt. Sie servierte uns eine schöne Tasse Tee (aus einer Teekanne, versteht sich) und Kuchen. Nicht den billigen Kuchen, den ich immer kaufte. Oh nein, er war selbst gemacht und dazu gab es Schlagsahne. Er schmeckte wunderbar!

Während wir dort zusammensaßen und uns den Kuchen schmecken ließen, kamen wir irgendwann auf Gott zu sprechen. Dad erzählte meiner Schwester von seinem Knie und von Jesus. Sie war ... interessiert, und doch lag auch ein Ausdruck auf ihrem Gesicht, den ich von mir selbst kannte. Es wirkte fast verzerrt. In diesem Moment hatte ich den Drang zu beten, allerdings gab ich ihm nicht nach. Ich wusste zwar, dass etwas passieren würde, aber es fühlte sich verrückt an, überhaupt über so etwas nachzudenken, angesichts dessen, wie ich in der Vergangenheit gelebt hatte.

Doch dann kamen die folgenden Worte aus ihrem Mund: »Ich fühle mich so unwohl, und das schon ziemlich lange. Wollt ihr für mich beten?«

Und ich sagte: »Ja!«

Ich bekam dasselbe Gefühl wie schon zuvor bei meinem Vater – das würde sehr peinlich werden! Wir saßen im Freien, die Sonne schien und vielleicht saßen die Nachbarn ebenfalls draußen im Garten, mein Vater war da und sie wollte, dass ich bei einer Tasse Tee und einem schönen Kuchen für sie betete!

»Ich werde es versuchen.«

Ich musste wieder meinen alten Kumpel um Hilfe bitten. Das muss ich letztlich immer tun. Jemand sagte mir mal, dass der Heilige Geist in mir lebt, und so ist das ziemlich einfach. Ich muss kein Telefonat führen oder nach ihm rufen, weil ich ihn überallhin mitnehme. Ich kann ihn um alles bitten!

Und das tat ich. Ich sagte: »Heiliger Geist, mein alter Kumpel, das ist meine Schwester, unsere Sarah, und es geht ihr nicht gut. Sie fühlt sich nicht wohl, sie spürt, dass etwas nicht stimmt – körperlich, geistlich, emotional. Kannst du ihr helfen? In Jesu Namen –«

Ich hatte noch nicht einmal aufgehört zu sprechen, als sie anfing zu weinen. Ihr langes, dunkles Haar hing ihr ins Gesicht, Tränen strömten aus ihren Augen, aber es waren eher Zornestränen. Ich sah, wie sie die Fäuste ballte, ihr Körper krümmte sich auf dem metallenen Gartenstuhl mal in die eine, mal in die andere Richtung. Als ich ihr direkt ins Gesicht blickte, sah ich, dass sich ihre Pupillen so sehr geweitet hatten, dass die Iris in ihren Augen praktisch nicht mehr vorhanden war. Ich sagte: »In Jesu Namen, lass sie in Ruhe.«

So etwas hatte ich noch nie gesehen. Schließlich fiel sie auf ihre Hände und Knie und heulte wie ein Hund, wie ein Wolf. Dann schrie und fluchte sie. Mein Vater war schockiert, aber ich sagte: »Mach dir keine Sorgen, Dad. Bete einfach weiter. Bete einfach weiter zu Jesus. Bitte Jesus, sich um sie zu kümmern.«

Also betete er weiter, genauso wie ich … und dann, in nur einem Augenblick, war es, als würde ein Schalter umgelegt – in ihren Augen leuchtete ein Licht auf und sie setzte sich wieder. Sie war erschöpft, das Gesicht verschmiert mit Tränen und Speichel, aber wir hatten ein Wunder gesehen. Meine Schwester hatte Jesus angenommen. Und sie wurde zu einer starken Frau Gottes mit großartigen Gaben.

Dad und ich sahen einander an. Er wusste nicht, ob er lachen oder weinen sollte. Es war alles so verrückt, was gerade passiert war! Ich gab ihm ein High five und machte uns nochmals Tee.

Ich kann dir sagen: Diese edlen Kuchen machen einen gar nicht so üblen Job, vor allem, wenn es um Erlösung geht! Ich fand später heraus, dass man das so nennt: Erlösung. Warum dieser Begriff? Vielleicht ist es wie bei der Geburt eines Babys ... Ich bin mir nicht sicher, aber ich weiß, was ich gesehen habe. Und wir alle wissen, was passierte. Meine Schwester ist bis heute ein lebendiges Zeugnis für Jesus.

Ich begann so viele Dinge zu sehen, die ich mir nicht erklären konnte. Lustigerweise schienen sie immer nur dann zu passieren, wenn ich meinen Freund, den Heiligen Geist, um Hilfe bat. Aber *wirklich* seltsam war, dass die Menschen plötzlich zu mir kamen. Es war, als würde Gott sie zu mir schicken, und ich glaube, so war es auch tatsächlich. Anfangs machte mir das Angst, schließlich wusste ich, dass ich absolut nichts tun konnte. Aber: Ich konnte immer meinen Freund um Hilfe bitten, und er enttäuschte mich nie. Es ist sehr tröstlich zu wissen, dass eine so mächtige Kraft in mir lebt ... und in dir.

Es ist sehr tröstlich zu wissen, dass eine so mächtige Kraft in mir lebt ... und in dir.

Ich begann, mir ein paar Kirchen anzuschauen. Allerdings erlebte ich es nur selten, dass Menschen den Heiligen Geist baten, ihnen zu helfen. Und jene, die es taten und denen er half, verhielten sich anschließend so, als ob sie die Dinge selbst verändert hätten. Sie sprachen zum Heiligen Geist wie zu einem Wesen außerhalb ihrer selbst. In meinen Augen war das nicht richtig, schließlich lebt er ja in uns. Ich war davon überzeugt, dass man zum Heiligen Geist in seinem Inneren sprechen musste.

Ich hatte beschlossen, für den Rest meines Lebens Single zu bleiben. Es schien, als hätte Gott mich dazu berufen, bestimmte Dinge zu tun und an verschiedene Orte zu gehen, und dafür, so glaubte ich, müsste ich allein bleiben.

Dann lernte ich Sarah kennen. Aber nicht so, wie du jetzt vielleicht denkst.

Ich hatte einen Freund, dem ich geholfen hatte, aus seiner Abhängigkeit herauszukommen und wieder zu einem normalen Leben zurückzufinden. Jetzt arbeitete er in einer Drogen- und Alkoholberatungsstelle. Eines Tages rief er mich an: »Mick? Ich habe eine junge Frau bei mir. Sie ist sehr nett, aber sie hat aufgrund von Alkohol und Drogen ihre Kinder verloren, und wir können ihr hier nicht helfen. Ich fühle mich so schlecht bei dem Gedanken, sie wegzuschicken, aber ich weiß einfach nicht, was ich sonst tun soll. Du kennst doch diesen Jesus-Typen, oder?«

»Ja, tue ich.«

»Könntest du ihn bitten, ihr zu helfen? Mir fällt nichts anderes ein. Sie haben gesagt, sie sei ein hoffnungsloser Fall.«

»Ich werde ihn fragen.«

Um es kurz zu machen: Ich holte sie beide ab. Wir schlichen uns mit ihr aus der Beratungsstelle, setzten sie in mein Auto und fuhren weg. Aber ich merkte schon bald, dass sie wahnsinnig war. Ich versuchte, mit ihr zu reden, doch ich musste anhalten, weil sie plötzlich anfing, mit den Händen auf meinen Kopf einzuschlagen, und versuchte, meinen Ohrring herauszureißen. Sie war völlig außer sich. Ich sah, dass sie die Farbe des Todes im Gesicht hatte. Kennst du diesen ungesunden, fahlen Grauton? Sie war eine Schönheit, aber sie war dabei zu sterben. Und sie wusste es nicht.

»Du kennst doch diesen Jesus-Typen, oder?«

Schließlich erhob ich meine Stimme. Ich fuhr sie an und sagte ihr, sie solle den Mund halten und zuhören! Sie verstummte. Ich bat meinen Freund, den Heiligen Geist, mir zu helfen, und begann, für sie zu beten. Es kam mir vor, als würde ich in diesem Gebet Dinge sagen, die ich normalerweise nicht gesagt hätte – Dinge, die vielleicht ihre Gefühle verletzten und sie verärgerten. Aber sie kamen einfach aus meinem Mund. Sie begann zu weinen, aber ich betete weiter.

Dann hielt ich inne. »Jetzt ist es Zeit zu gehen.«

Wir fuhren sie nach Hause. Mein Freund fragte mich, was jetzt wohl mit ihr passieren würde.

»Es steht fünfzig zu fünfzig. Sie wird sterben, wenn sie nicht sofort aufhört zu trinken. Eine andere Möglichkeit gibt es nicht. Sie hat die Farbe des Todes im Gesicht. Wenn sie es nicht tut, können wir uns auf ihre Beerdigung vorbereiten.« Damit war alles gesagt und ich dachte nicht länger darüber nach.

Sechs Monate später kam mir auf der Straße eine wunderschöne Frau mit großen, schönen Augen und langen Wimpern entgegen. Das Licht, das aus ihren Augen strahlte, war unglaublich. Sie hatte etwas sehr Besonderes an sich.

»Du erinnerst dich nicht mehr an mich, Mick, oder?«

»Leider nein, meine Liebe.«

»Ich bin Sarah. Du hast in deinem Auto für mich gebetet.«

»Oh, meine Güte! Du siehst wunderbar aus.«

»Danke.« Sie erzählte mir: »Als ich an diesem Tag nach Hause kam, ging ich auf die Knie und bat Gott, mir zu helfen. Seither habe ich nie wieder Alkohol getrunken oder Drogen genommen. Aber ich bin verzweifelt, Mick. Ich war jetzt sechs Monate in einer Entzugsklinik – sie haben mich innerhalb einer Woche aufgenommen –, aber ich *weiß*, dass ich wieder trinken werde. Ich weiß es einfach. Kannst du mir helfen?«

Das tat ich. Durch Gebet, indem ich ihr Kontakt zu den richtigen Menschen verschaffte, durch all das, was man eben so tut. Und wir wurden Freunde. Ich frage mich heute, ob ich mich damals von ihr angezogen fühlte … Ich glaube nicht, dass es so war, andererseits war sie so schön – wie hätte ich es da nicht sein können? Vielleicht hielt Gott meine Augen verschlossen, damit ich sie besser unterstützen konnte? Ich weiß es nicht, aber es war seltsam.

Wir waren vielleicht ein oder zwei Jahre befreundet, als sie mich eines Abends bat, mit ihr für jemanden zu beten. Wir fuhren zu dem Haus, und als wir beteten, begannen Sarah und die andere Frau zu weinen. Ich betete einfach weiter, und nach einer Weile gingen wir wieder.

Als ich Sarah zu Hause absetzte, wollte ich sie kurz umarmen, wie ich es wahrscheinlich schon tausend Mal zuvor getan hatte, doch als ich meine Arme um sie legte und sie ihre um mich … oh meine Güte! Was war das? Mein Herz flatterte und ich spürte Schmetterlinge in meinem Bauch. Ich zog mich zurück und legte beide Hände ans Lenkrad, damit ich sie nicht noch einmal berühren würde, nicht einmal versehentlich.

»Auf Wiedersehen!«, sagte sie, als sie aus dem Auto sprang. Ihre Absätze klapperten auf dem Weg zur Haustür. Ich hörte, wie sie geöffnet und wieder geschlossen wurde, dann fuhr ich schnell um die nächste Ecke. *Oh nein! Ich habe Gefühle für sie. Ich kenne sie doch schon seit Jahren … Was in aller Welt …?*

Zu Hause angekommen, machte ich mir einen Kaffee und rauchte eine Zigarette. Ich dachte: *Ich kann das nicht einfach so stehen lassen.* Also schrieb ich ihr: »Sarah, es tut mir wirklich leid, dass ich dir diese Nachricht schicke, aber als ich bei unserem Abschied die Arme um dich legte, fühlte ich mich sehr von dir angezogen. Und ich weiß nicht, ob wir auf dieser Basis Freunde sein können, aber ich kann dich auch nicht anlügen. Etwas ist passiert, und es tut mir wirklich leid.«

Ihre Antwort lautete: »Mir ging es genauso, Mick, mir ging es genauso!«

Darauf schrieb ich: »Ich komme morgen zu dir, und dann lass uns reden!«

Der Morgen kam, und ich war unglaublich aufgeregt. Ich benutzte sogar ein Eau de Toilette, was für mich damals sehr ungewöhnlich war. Wenn ich noch Haare gehabt hätte, hätte ich Gel verwendet. Ich hatte Gefühle wie ein Teenager, von denen ich zwar schon gehört, die ich aber selbst noch nie erlebt hatte.

Nachdem ich Sarah abgeholt hatte, kauften wir uns einen Kaffee, fuhren aus der Stadt hinaus und ich parkte den Wagen an einem ruhigen Ort. Aber die Unterhaltung lief alles andere als gut! Ich betrachtete Sarah aus dem Augenwinkel – sie war wirklich eine atemberaubend schöne Frau. Mir war nie aufgefallen, *wie* schön sie war. Es waren ihre Augen … Ich bemerkte, dass sie sich ebenfalls Mühe dabei gegeben hatte, sich zurechtzumachen: Sie roch sehr gut und trug die Sorte Lippenstift, die irgendwie passte. Die Farbe war matt, aber schön.

Sie sah perfekt aus.

»Was sollen wir tun, Mick?«

»Ich weiß es nicht, Sarah, aber ich denke …« Und dann brach es einfach aus mir heraus. »Ich glaube, ich sollte dich jetzt einfach küssen, und wenn es sich gut anfühlt, kannst du meine Freundin sein. Und wenn nicht, bleiben wir halt gute Freunde. Was meinst du?«

Sie sah mich an und schien ziemlich schockiert zu sein. »Ähm … oh … okay.«

Ich stellte meinen Kaffee ab, sah sie an und dachte: *Soll ich meine Augen schließen? Ich weiß es nicht …* Als ich mich nach vorn lehnte, tat sie dasselbe und fast hätte ich ihr eine Kopfnuss verpasst! Dann schlossen sich ihre Augen und ich sah ihre Wimpern. Ich schmeckte ihre Lippen und berührte ihre Zunge mit meiner … und fühlte etwas so Besonderes! Es war, als würden Sterne in mir explodieren. Ich fühlte mich geliebt. Es war sehr emotional. Mir stiegen Tränen in die Augen. Und als ich meine Arme um sie legte und sie festhielt, wusste ich, dass jetzt etwas anders war. Ich hatte immer versucht zu lieben, aber an diesem Abend erkannte ich, dass ich nie zugelassen hatte, dass jemand mich liebte.

Bald danach verlobten wir uns, und vor Kurzem haben wir geheiratet. Sie ist die Frau, die mir seitdem jeden Tag zur Seite steht, mein Fels in der Brandung. Da ist Gott. Und da ist Sarah. Gott steht in unserer Beziehung an erster Stelle. Aber Sarah und ich haben so viel zusammen durchgemacht.

Ich hatte immer versucht zu lieben, aber an diesem Abend erkannte ich, dass ich nie zugelassen hatte, dass jemand mich liebte.

Eine Woche nach unserer Hochzeit musste ihr eine Brust entfernt werden und die Chemotherapie begann. Die Nebenwirkungen fügten ihrem Körper großen Schaden zu und machten sie sehr krank. Aber dieses kribbelnde Gefühl hat nie aufgehört. Und während ich im letzten Jahr zusah, wie sie sich erholte, wurde es sogar noch stärker.

Sarah wurde zu einer Frau Gottes. Ich erzählte ihr von Jesus und stellte sie meinem Freund, dem Heiligen Geist vor, und er hat im Leben dieser Frau erstaunliche Dinge getan.

Ich bin so stolz, dass ich sie meine Frau nennen darf.

Mit Sarah an meiner Seite war es einfacher, die Beziehungen zu meinen Kindern wieder aufzubauen. Es gab vieles, für das sie mir vergeben mussten. Aber sie taten es.

Besonders eng wurde meine Beziehung zu meinem jüngsten Sohn. Trotz all meiner Bosheit, meiner schrecklichen Taten und meiner Krankheiten hatte mich meine zweite Frau niemals davon abgehalten, ihn zu sehen. Du musst wissen, dass ich sie nicht besonders gut behandelt hatte, als wir zusammen waren. Aber sie war das beste Beispiel für eine fürsorgliche und liebevolle Mutter, das ich je gesehen habe. Sie war wie eine Löwin.

Wenn ich Jack abholte, unterhielten wir uns immer eine Weile. Wenn sie etwas brauchte und ich es gerade hatte, gab ich es ihr. Die Beziehung war gut … bis zu einem bestimmten Tag.

Jack war im oberen Stockwerk. Sie machte mir einen Kaffee, und dann sagte sie mir, dass sie Krebs habe, aber alles tun würde, um ihn zu bekämpfen. Ich kann es nicht erklären, aber als ich hörte, was sie sagte und wie sie es sagte, wusste ich, dass sie sterben würde. Ich wusste es einfach.

Im Laufe der nächsten achtzehn Monate nahm ich mir viel Zeit für Jack, um ihn darauf vorzubereiten. Ich sah, wie es ihr immer schlechter ging, wie sie an Gewicht verlor und wie sehr ihr die Behandlung zusetzte. Ich weiß noch, wie ich dachte, dass ich in meinem Leben noch nie einen stärkeren Menschen getroffen hatte. Sie war so ein wunderbares Vorbild für ihre Kinder und für alle um sie herum.

Und als die Zeit kam, war sie bereit.

Einige Wochen vorher fragte ich sie, ob ich für sie beten dürfe, und sie sagte: »Ja. Ich habe damit nicht so viel am Hut, Mick, das weißt du, aber ja.«

Ich stellte ihr ein paar Fragen und betete anschließend für sie. Das verschaffte ihr ein wenig Frieden. Und schließlich starb sie auch in Frieden. Der Bestattungsunternehmer kam noch am selben Abend. Als ich in das Zimmer zurückkam, in dem sie gelegen hatte, fand ich eine einzelne rote Rose mit einem Umschlag auf dem Kissen. Der Raum mit der alten Raufasertapete sah ohne sie plötzlich trostlos aus – sie war fort, und nichts war mehr, wie es einmal gewesen war.

Was sollte jetzt mit meinem Sohn geschehen? Er war erst siebzehn. Würde er zu mir ziehen und bei mir leben? Was würde aus ihm werden? Am Tag bevor meine Exfrau starb, bat ich sie, ihm einen Brief zu seinem einundzwanzigsten Geburtstag zu schreiben, und sie tat es. Ich nahm ihn und bewahrte ihn in einem Safe auf.

Während ich dieses Buch schreibe, ist es gerade mal eine Woche her, dass ich Jack den Brief gab. All die Erinnerungen kamen wieder hoch.

»Ich liebe dich, Dad. Dieser Brief hört sich sehr nach Mum an. Genau so kannte ich sie!«

12

Maßgeschneiderte Wunder

Mein Wunsch, Gott zu verstehen und ihm nachzufolgen, nahm mich völlig gefangen. Ich begann, verschiedene Kirchen zu besuchen – manche hatten Türme oder ein mit schönen Schieferplatten gedecktes Dach, einige Gebäude waren aus Stein mit geschnitzten Säulen, andere ähnelten mit einer Durchreiche für Tee und Kaffee eher Gemeinschaftszentren.

Alle waren unterschiedlich. Und in ihnen traf ich auf alle Arten von Menschen.

Aber ich passte in keine von ihnen hinein.

Es war nicht so, dass alle mit religiösen Ausdrücken um sich warfen, die ich nicht verstand. Ich führte nach dem Gottesdienst oft gute Gespräche. Aber ich dachte die ganze Zeit: *Ich bin ein Suchtkranker in der Erholungsphase.* Zumindest für den Moment schien das meine Identität zu sein. Ganz gleich, ob mich jemand fragte: »Ist es heute sonnig?« oder: »Hättest du gern eine Tasse Tee?« oder was auch immer – ich antwortete stets: »Ja. Wussten Sie, dass ich drogenabhängig war? Ich bin ein ehemaliger Suchtkranker!«

Ich glaube, ich war einfach stolz darauf, dass ich dabei war, frei zu werden, und ich wollte, dass alle anderen die Fortschritte, die ich dabei machte, angemessen würdigten. Aber das machte mich blind für die Bedürfnisse der anderen. Eine weitere Hürde, vor der ich stand, war die Tatsache, dass diese christlichen Menschen definitiv eine Geheimsprache benutzten, die ich nicht kannte. Es kam mir vor, als hätten sie ein Geheimnis, in das ich nicht eingeweiht worden war und das sie tunlichst hüteten, indem sie mich auf Distanz hielten. In manchen Kirchen konnte man darüber hinaus nur beten, wenn man dem Gebetsteam angehörte.

> Ich glaube, ich war einfach stolz darauf, dass ich dabei war, frei zu werden, und ich wollte, dass alle anderen die Fortschritte, die ich dabei machte, angemessen würdigten. Aber das machte mich blind für die Bedürfnisse der anderen.

Die Bands waren gut und sahen sehr professionell aus – all diese schönen, gebräunten Menschen. In einer Kirche mit einem spitzen Turm fiel mir auf, dass der Priester alles selbst zu machen schien. Ich fragte mich: *Warum ist er dort oben?* Ich fühlte mich … abgesondert. Er trug sehr ausgefallene Kleider und die hellen Farben erinnerten mich an das Musical *Joseph and the Amazing Technicolor Dreamcoat.* Manchmal dachte ich auch: *Meine Großmutter war auch immer so gekleidet!*

Überall, wo ich hinging, traf ich auf viele nette Menschen. Aber ich fühlte mich immer als Außenseiter. Und ich wusste nicht warum.

Schließlich schrieb ich mich in ein christliches College ein. Ich machte ein Studium! Obwohl ich noch keine Kirche gefunden hatte, der ich mich anschließen wollte, nahm mein Wissensdurst immer mehr zu. Nach zwölf Monaten deutete jedoch alles darauf hin, dass ich die Abschlussprüfung nicht bestehen würde. Die Punktzahl, die ich erzielte, war lächerlich niedrig und ich stand kurz davor zu scheitern.

Zu diesem Zeitpunkt gab mir jemand den Hinweis, dass ich möglicherweise Probleme beim Lernen hätte. Also machte ich einen Test, in dem sich herausstellte, dass ich unter Legasthenie, Dyspraxie sowie dem Irlen-Syndrom litt. Das alles hörte sich sehr hochtrabend an, aber es bedeutete schlicht, dass ich weder richtig lesen und schreiben noch mir Informationen merken konnte und darüber hinaus das Licht in meinen Augen verzerrt wurde.

Das hatte ich nicht gewusst!

Ich erinnerte mich daran, wie ich in meiner Kindheit einmal von einer Lehrerin gezwungen worden war, mich auf den Tisch zu stellen und wie ein Esel »I-ah, i-ah« zu rufen, weil ich ihrer Meinung nach dumm war. Sie hatte unrecht. Ich war ganz und gar nicht dumm – ich litt unter einer Krankheit. Ich war sehr erleichtert, als ich das herausfand, und empfand echten Frieden.

Kurz darauf gaben sie mir eine farbige Folie, die ich über die Texte legen sollte. Das half ein wenig, aber nicht viel, also begann ich so viel wie möglich zu sparen, um mir eine spezielle Brille kaufen zu können, die meine Sehkraft verbessern sollte.

Schließlich war es so weit und ich durfte meine eigens für mich angefertigte und eingefärbte Brille in Empfang nehmen. Ich setzte sie auf und nahm mir ein Buch. All die Buchstaben und Wörter standen still und waren klar und deutlich zu lesen! Wie kann ich das beschreiben? Vielleicht kennst du das: Du hast schmutzige Fenster in deinem Haus, und sobald die Sonne darauf scheint, werden alle Streifen und Flecken sichtbar. Es war, als wären diese Fenster geputzt worden! Frisch. Klar. Glänzend.

Ich konnte lesen! Mir traten Tränen in die Augen. Das war so eine Offenbarung für mich. Ich begann, alles zu lesen, was ich in die Finger bekam. Ich las die Rückseite von Cornflakespackungen. Ich las die Etiketten von Soßenflaschen – einfach alles. Es fühlte sich an, als hätte ich ein ganz neues Leben begonnen.

Ich nahm die Bibel und begann zu lesen. Was für eine Freude!

Im ersten Jahr meines Studiums fiel ich durch, aber ich wiederholte es. So dauerte mein Studium zwar vier statt drei Jahre, aber ich machte einen sehr guten Abschluss. Wie außergewöhnlich ist das bitte?

Aber mit Gott sind alle Dinge möglich.

Meine Zeit auf dem College prägte mich sehr. Ich lernte Jesus auf eine ganz neue und tiefgründige Art und Weise kennen. Das war manchmal schmerzhaft, aber Schmerz scheint ein Teil des Wachstums zu sein. Ich schaffte es, trotz all meiner Frustrationen nüchtern und clean zu bleiben, und ich versuchte, Gott in jeder Situation zu vertrauen. Dennoch war ich vom Pech verfolgt, ich war obdachlos und schlief während meiner Studienzeit in meinem Auto. Wie konnte das sein? Ein (fast) ehemaliger Drogenabhängiger, der versuchte, einen Abschluss in Theologie zu machen und währenddessen in seinem Auto schlief. Aber so war es.

Aber mit Gott sind alle Dinge möglich.

Doch dann klingelte eines Tages mein Telefon. Es war die Direktorin des Colleges. »Schläfst du in deinem Auto, Mick?«

»Möglich.«

»Komm zu mir.«

Wir wechselten nur sehr wenige Worte. Sie führte mich zu einem Zimmer auf dem Campus. Das werde ich nie vergessen – es roch so sauber und frisch. Da war ein kleiner Duschraum, ein Bett. Da waren ein Schrank und eine Garderobe, ein Schreibtisch, ein

Stuhl und ein Spiegel. Ich weiß noch, wie ich in den Spiegel sah und dachte: *An solchen Orten war ich schon. Aber dieser ist anders. Diese Institution ist anders.*

Es lagen saubere, gefaltete Handtücher auf dem Bett. Frische Bettwäsche.

»Okay, Mick«, sagte sie, »du kannst hier wohnen.«

Ich war sprachlos. Ich sah in ihr Gesicht. Es war sanft, ihre Augen freundlich. Wenn sie eine Zuckerstange gewesen wäre und man sie in zwei Hälften gebrochen hätte, hätte man das Wort »Liebe« in ihrer Mitte lesen können. Ich war nicht so. Ich war ein Christ, ich glaubte an Jesus. Aber ich war nicht wie sie.

»Hast du Geld, Mick?«

»Nein, ich habe keines.«

»Warte hier.« Sie ging hinaus und kam einige Zeit später mit vollen Taschen zurück. Sie war in einen Supermarkt gegangen und hatte Lebensmittel und alles, was ich sonst noch brauchte, für mich eingekauft. Sie stellte sie ab und ging mit einem Lächeln hinaus.

Ich setzte mich aufs Bett und legte den Kopf in die Hände, die Finger über meinen Augenbrauen, die Daumen auf meinem Nasenrücken. Wieder kamen mir die Tränen. Diese Frau kannte mich nicht wirklich. Und ich hatte nicht, was sie hatte.

Nur wenige Tage später kam es auf dem Campus zu einer kleinen Katastrophe – in einem Raum war der Fußboden eingebrochen. Ich besaß einige Fähigkeiten – im Lauf der Jahre hatte ich ein paar Dinge gelernt –, und so erklärte ich mich bereit, den Boden zu reparieren. Zwei Wochen lang arbeitete ich umsonst daran, weil diese Menschen sich um mich kümmerten. Sie hatten mir ein Zuhause und Essen gegeben. Nachdem ich den Boden instand gesetzt hatte, gaben sie mir einen Job, der es mir erlaubte, für mein Zimmer und mein Essen zu bezahlen.

Ich fühlte mich zunehmend stark. Ich arbeitete in Teilzeit und studierte mit neuem Enthusiasmus. Ich las ein Buch über einen Typen namens John Wesley und dachte: *Ich bin wie er, abgesehen davon, dass er viel cleverer ist als ich.* Weißt du, dieser John Wesley glaubte zwar mit seinem Verstand, aber nicht mit seinem Herzen. Er war unsicher. Er hatte immer noch Zweifel. Genauso wie ich.

Aber als ich weiterlas, entdeckte ich, dass es einen besonderen Moment in seinem Leben gegeben hatte – einen Moment, in dem er Jesus schließlich von ganzem Herzen angenommen hatte. Er wurde verändert und entwickelte eine innere Haltung wie die Frau, die mir das Zimmer und das Essenspaket gegeben hatte.

Ich war nicht wie sie. Aber ich wollte so sein. Ich *musste* so sein. Ich wollte haben, was sie hatten.

Auf dem Campus war eine Seelsorgerin, eine sehr nette, sanftmütige Dame. Ich fragte sie, ob ich mit ihr reden könne, und sie willigte ein. Als ich in ihrem Büro saß, sagte ich: »Die Menschen auf diesem College sagen, dass sie gerettet sind und all solche Dinge, aber ich verstehe das nicht. Ich weiß, dass Jesus am Kreuz für meine Sünden gestorben ist, und ich möchte glauben, dass ich auch weiß, was das bedeutet. Trotzdem ist es so schwer, Jesus nachzufolgen. Sosehr ich es auch versuche, es scheint fast unmöglich zu sein!«

Sie berührte mich sanft an der Schulter, um mich zu stoppen.

»Was bedeutet es, gerettet zu sein?«, fragte ich.

Wie konnte er *mich* lieben? Nach allem, was ich getan hatte?

Sie sah mir direkt ins Gesicht. Sie war eine dieser Personen mit zarter Haut und schönen, lebendigen Augen. »Mick, er ist speziell für dich gestorben. Und er will, dass du das annimmst.«

In diesem Moment passierte etwas. Ich bekam plötzlich keine Luft mehr. Ich begann zu weinen. Wie konnte er *mich* lieben? Nach allem, was ich getan hatte?

Sie sagte es nochmals: »Speziell für dich, Mick. Gott will an deiner Seite sein. Er hat große Pläne für dich.«

Das war der Moment, in dem ich zusammenbrach. Ich spürte regelrecht, wie mein Herz weicher wurde. Was ich mir so sehr gewünscht hatte, wurde jetzt Wirklichkeit! Es kam mir vor, als wäre mein Herz hart wie ein Ziegelstein gewesen und hätte sich jetzt in einen weichen Schwamm verwandelt. Ich wollte, dass es so viel Liebe aufsaugte wie nur möglich. Ich machte einen tiefen Atemzug und es fühlte sich an, als würde ich warme Luft einatmen. Es war, als würden meine Lungen gereinigt. Ich fühlte mich sündlos … in diesem Augenblick.

Von da an änderte sich *alles*.

Wirklich alles!

Ich hatte ein älteres Ehepaar kennengelernt, das mich regelmäßig zu sich nach Hause einlud. Manchmal blieb ich auch über Nacht, und sie gaben mir zu essen, kümmerten sich um mich und erzählten mir von Jesus. Auch sie gehörten zu der Sorte Menschen, die eine zarte Haut und schöne Augen hatten. Diese beiden wurden wie eine Mutter und ein Vater für mich, und ich liebte sie wirklich sehr. Nachdem sie gesehen hatten, welche Kämpfe ich ausfocht, richteten sie mich auf, stellten sich an meine Seite und sprachen Leben in meine Welt hinein. Bis heute unterstützen sie meinen Dienst.

Ab dem Moment, in dem ich wiedergeboren worden war, geschahen in meinem Leben seltsame Dinge. Plötzlich erlebte ich viele ungewöhnliche Situationen. Situationen, wie ich sie noch nie zuvor erlebt hatte. Meine Freunde fingen an, diese Geschehnisse aufzuschreiben, und ich bin sehr froh, dass sie auf diese Weise dokumentiert wurden. Von manchen werde ich in diesem Buch berichten, andere werde ich zu einem späteren Zeitpunkt erzählen. Viele von ihnen waren so tief greifend, dass es mir, da ich nur ein Mensch bin, immer noch schwerfällt, sie einzuordnen. Ich sah die Welt jetzt mit völlig anderen Augen, und es gab keine Angst mehr in meinem Leben. Ich weiß noch, wie ich einmal dachte: *Bin ich etwa zu einem dieser sanftmütigen Menschen geworden?* Ich war mir nicht sicher. Absolut nicht.

> Ab dem Moment, in dem ich wiedergeboren worden war, geschahen in meinem Leben seltsame Dinge. Plötzlich erlebte ich viele ungewöhnliche Situationen.

Mitten in all diesen Ereignissen setzte ich mein Studium fort. Es hört sich fast selbstsüchtig an, wenn ich das sage, aber ich brauchte die Bestätigung, dass ich in die richtige Richtung ging. Deshalb betete ich für ein Zeichen von Gott. Als ich eines Abends zu Bett ging, betete ich wieder einmal für eine Offenbarung oder einfach irgendetwas – ich griff nach Strohhalmen! Ich studierte, so hart ich nur konnte, und wollte nicht, dass alles umsonst war.

Am nächsten Morgen stand ich auf und ging in die Küche, und was ich dort sah, stellte meine gesamte Welt auf den Kopf.

Mein Blick fiel auf den weißen Wasserkocher, und er strahlte in sämtlichen Farben des Regenbogens. Ich sah den Kühlschrank an – dort spielte sich dasselbe ab. Der Teelöffel, den ich aus der Schublade nahm, sah fünfzehn Mal so groß aus, weil er vom gesamten Farbspektrum des Regenbogens umgeben war! Einfach *alles* erstrahlte in diesen Farben.

Ich sah aus dem Fenster auf die Bäume im Garten. Sie waren so wunderschön. Sämtliche Blätter waren bunt und hatten leuchtende Ränder. Die Rinde des Baumstammes war lebendig! Mein Blick fiel auf einen Mann, der seinen Hund spazieren führte, und es war, als sei ich in eine andere Welt versetzt worden. Sie waren zwei farbenfrohe Lichter – ein großes und ein kleines –, die sich auf einem farbenfrohen Gehweg fortbewegten!

Auf meinem Gesicht breitete sich ein großes Lächeln aus, aber gleichzeitig schoss Adrenalin durch meinen Körper. Ich konnte keinen Kaffee kochen. Ich konnte es einfach nicht. Ich setzte mich im Esszimmer an den Tisch. Mein Blick fiel auf die Salz- und Pfefferstreuer, und als ich nach ihnen griff, sah ich, dass meine Hand dasselbe Licht ausstrahlte. Jeder Teil meines Körpers leuchtete in dieser bunten Verrücktheit!

Einfach *alles* erstrahlte in diesen Farben.

Ich schloss die Augen und betete: »Herr, ich danke dir so sehr. Das bedeutet wohl, dass ich in die richtige Richtung gehe.«

Wieder in der Küche, drehte ich den Wasserhahn auf. Heraus kam ein farbenfroher Wasserstrahl, der überall kleine Tröpfchen voller Licht und Farben hinterließ. Ich spritzte etwas Wasser in mein Gesicht und auf meine Augen. Als ich sie wieder öffnete, wurden die Farben noch intensiver. Langsam ließ meine Euphorie nach und ich bekam Angst. Was wäre, wenn das für den Rest meines Lebens so bliebe? Wenn ich nie wieder normal sehen könnte?

Ich ging erneut ins Gebet. »Danke, Herr, für alles, was du für mich tust. Danke, dass du mich führst und dass du mir diese wunderbare Vision geschenkt und mir damit versichert hast, dass wir auf dem richtigen Weg sind. Aber Herr, bitte nimm das jetzt weg.«

Einen Moment später öffnete ich die Augen und alles war wieder völlig normal. Plötzlich wurde ich traurig und fühlte mich schuldig. Doch diese Erfahrung war sehr real für mich gewesen. Von diesem Moment an hatte ich keinen Zweifel mehr daran, dass Gott mich an den Ort führen würde, an dem er mich haben wollte, wo immer das sein mochte. Und auch wenn es nicht einfach werden würde, so würde ich ihm nachfolgen. Ich würde mich durch alles hindurchbeißen.

Du siehst, ich habe die Welt in einem anderen Licht gesehen – buchstäblich!

Auf meinem Weg sollte es noch viele solcher außergewöhnlichen Geschehnisse geben. Oft war ich fast pleite, aber wenn ich Geld brauchte, bekam ich es plötzlich irgendwoher – jedes einzelne Mal. Für *alles,* was ich brauchte.

Einmal wurde mit der Post für mich ein Brief ans College geschickt – ein Strafzettel über vierzig Pfund, weil ich auf einer Busspur gefahren war. Oh Mann! Ich komme nicht aus einer Großstadt. Ich wusste nichts von Busspuren (obwohl ich mich mit Strafzetteln gut auskannte – ich hatte im Lauf der Jahre einige davon angesammelt). Ich war sehr enttäuscht. Mein Geld war knapp, aber die Strafe musste trotzdem bezahlt werden.

Als ich später mit einem Freund zum Mittagessen in die Stadt fuhr, sagte ich: »Sieh dir das an. Ich kann das nicht glauben!«, und zeigte ihm den Strafzettel, auf dem ein Foto meines Autos abgebildet war. »Ich will dich nicht anpumpen, ehrlich. Aber vierzig Pfund! Ich weiß nicht, was ich tun soll.«

»Hast du Gott schon gefragt?«

»Nein. Ich bin ratlos. Man kann die Strafe schließlich nicht einfach ignorieren, oder? Und ich kann auch nicht so tun, als sei ich das nicht gewesen. Auf dem Bild sieht man das Kennzeichen und das Auto! Nun gut, ich werde Gott um seine Hilfe bitten.«

Ich fuhr an den Straßenrand und sagte: »Herr, es tut mir wirklich leid. Ich wusste nicht, dass ich auf einer Busspur fuhr. Jesus, du weißt, dass ich pleite bin. Heiliger Geist, kannst du mir da heraushelfen? Ich danke dir, Vater, in Jesu Namen. Ame …« Ich war noch nicht beim »n« des »Amen« angekommen, als ein Lieferwagen hinten auf mein Auto knallte. Ich sah meinen Freund an.

Er lächelte: »Heute ist nicht wirklich dein Tag, Mick, oder?«

»Nein.« Ich stieg aus. Da war eine Frau, die Pakete auslieferte. Und es tat ihr so schrecklich leid, was passiert war, dass ich es nicht über mich brachte, auch nur nach ihren Versicherungsdaten zu fragen. Ich stellte fest, dass an keinem von beiden Fahrzeugen ein großer Schaden entstanden war – es waren nur leichte Dellen zu sehen. Für mich war alles in Ordnung, aber sie griff in ihre Geldbörse und bestand darauf, mir ein paar Scheine in die Hand zu drücken. Dann fuhr sie weg.

Ziemlich schockiert stieg ich wieder ins Auto. Ich öffnete meine Hand, und da waren fünfzig Pfund: Vierzig Pfund, um meinen Strafzettel zu bezahlen, und fünf Pfund für ein Mittagessen für jeden von uns.

»Danke, Jesus. Das war eine sehr schnelle Antwort.«

Mein Freund lachte Tränen und sagte die Worte, die ich schon so viele Male vorher gehört, aber nie wirklich verstanden hatte: »Gott ist bei dir, Mick. Er ist ganz sicher bei dir!«

13

Der Neustart

Mit der Zeit wurden übernatürliche Geschehnisse zu etwas, das ich regelrecht erwartete. Das ist auch heute noch eine der tragenden Säulen meines christlichen Lebens. Um viele Dinge, die passierten, hatte ich Gott weder ausdrücklich gebeten noch hatte ich sie unbedingt gewollt oder gebraucht, aber er tat sie trotzdem. Sie waren ein Wunder. Gott schien mich auf Schritt und Tritt zu begleiten. Und ich denke, es entspricht der Wahrheit, wenn ich sage, dass er mir noch immer alles gibt, was ich brauche.

»Gott ist bei dir, Mick. Er ist ganz sicher bei dir!«

Eines Tages rief mich ein Freund aus meiner Vergangenheit an: »Mick, du glaubst doch an diesen komischen Jesus, oder?«

»Ja, das tue ich.«

»Kannst du für einen meiner Kumpel beten? Ich bin gerade nicht in der Stadt und kann nicht zu ihm gehen. Er sagt, dass er sich umbringen wolle, und ich glaube, er meint es ernst. Ich kann von hier aus nichts dagegen unternehmen. Ich habe schon alle möglichen Leute angerufen, aber keiner ist bereit, zu ihm zu gehen, auch wenn ich befürchte, dass er sich sowieso von niemandem von seinen Plänen abhalten lässt.«

Ich sagte: »Ja, ich werde für ihn beten. Ich werde Jesus bitten einzugreifen. Kannst du mir seine Adresse oder seine Telefonnummer oder irgendetwas schicken?«

»Ja, das mache ich, Mick.«

Er schickte mir eine Textnachricht mit dem Namen und der Adresse seines Freundes, und ich fing an zu beten. Ich versuchte mir vorzustellen, wie er aussah und wie er sich umbringen würde – was er tun würde. Ich fragte: »Wie können wir ihn aufhalten, Jesus?« Und dann sagte ich: »Bitte gib mir einfach die Möglichkeit, mit ihm zu sprechen und ihm von dir zu erzählen.« Es war etwa eine halbe Stunde Fahrt bis zu seiner Adresse. Ich hatte nicht mehr viel Benzin im Tank und nur noch wenig Geld, aber ich wusste: Jesus wollte, dass ich zu ihm fuhr.

Ich setzte mich ins Auto und fuhr los. Das Haus befand sich in einer schönen Reihenhaussiedlung. Ich parkte zwei oder drei Häuser entfernt und ging den Rest zu Fuß, wobei ich mich mehrmals versicherte, dass ich auf die richtige Hausnummer zusteuerte. Mir fiel auf, dass der Vorhang an einem der vorderen Fenster ein wenig auseinanderklaffte – nicht weit, aber der Spalt war groß genug, um hindurchzusehen. Da sah ich ihn. Er stand auf einem Stuhl, der nicht allzu stabil aussah, von der Decke hing ein Seil mit einer Schlinge am Ende, die er sich gerade über den Kopf zog.

Ich beschloss, nicht an das Fenster zu klopfen, sondern zur Haustür zu gehen. Sie war zum Glück nicht abgeschlossen, und so ging ich hinein, öffnete die Tür zu meiner Rechten und betrat den Raum, in dem ich ihn gesehen hatte. »Komm herunter. Jesus hat mich geschickt.«

Er nahm das Seil ab und fiel dabei fast vom Stuhl. Ich weiß noch, dass er ein weißes T-Shirt mit einem Schriftzug quer darüber trug und so stark schwitzte, dass sein Schweiß auf den Boden tropfte.

Ein junger Mann, nicht älter als achtundzwanzig oder neunundzwanzig Jahre alt. Verzweifelt.

Wir setzten uns und er erzählte mir von seiner Vergangenheit und all dem Leid, das er durchgemacht hatte. Er war in einer schlimmen psychischen Verfassung.

»Wie konntest du von mir wissen?«

»Was glaubst du?«

»Ich habe ein Gebet gesprochen. Ich sagte: ›Gott, wenn du nicht willst, dass ich sterbe, schicke mir jemanden.‹«

Ich fühlte mich so … demütig? Ich wusste immer noch nicht wirklich, wie sich Demut anfühlte, aber Gott hatte mich gebraucht. Ich war dessen nicht würdig – und doch war ich es! Für den jungen Mann war es ein Wunder. Für mich war es eine gerettete Seele. Ich betete mit ihm. Dann nahm ich das Kreuz ab, das an einer Kette um meinen Hals hing, und gab es ihm.

»Wird mich das beschützen?«

»Ja, das Kreuz wird dich beschützen, denn das ist Jesus. Er ist überall und in allem. Du brauchst nichts weiter zu tun, als ihm nachzufolgen.«

Ich gab ihm noch meine Telefonnummer und ging. Der junge Mann lebte. Er hatte zu Gott geschrien und Gott hatte in seine Situation eingegriffen.

Ich wusste immer noch nicht wirklich, wie sich Demut anfühlte, aber Gott hatte mich gebraucht. Ich war dessen nicht würdig – und doch war ich es!

Auf der Autobahn schienen die Lichter in rasender Geschwindigkeit an mir vorbeizuziehen. Es war fast, als würde sich mein ganzes bisheriges Leben vor meinen Augen abspielen. Ich erinnerte mich daran, wie ich auf dem College etwas von einem sehr klugen Mann namens Dietrich Bonhoeffer gelesen hatte. Er schrieb in seinem Buch *Nachfolge*:

»Wenn Gott einen Menschen ruft, ruft er ihn dazu auf, zu sterben.« Bonhoeffer hatte sein Leben für Christus hingegeben. Ich dachte: *Würde ich das auch tun?* Ich kannte die Antwort darauf nicht, aber es fühlte sich so an, als sei es möglich, als würde ich es wahrscheinlich tun. Ja, wahrscheinlich würde ich es tun.

Als ich an diesem Abend ins Bett ging, dachte ich an die vielen Male zurück, in denen mir jemand gesagt hatte: »Gott ist bei dir, Mick«, »Er ist ganz sicher bei dir, Mick«, »Mick, Gott ist bei dir!«, und ich glaubte es. Wahrscheinlich zum ersten Mal in meinem Leben *glaubte* ich es. In mir wuchs das Gefühl, eine Bestimmung zu haben.

Ich genoss meine Wochenenden jetzt sehr. Ich verbrachte viel Zeit mit meinem Dad und unternahm irgendetwas mit ihm, bevor wir unweigerlich in einem Café landeten. Wir unterhielten uns über Fußball, über Gott und über Musik – wir liebten beide irische Musik. Wenn wir uns Lieder wie »The Fields of Athenry« anhörten, erinnerte er sich daran, wie sein Vater früher im Pub seinen Stepptanz zum Besten gegeben und seine Zuschauer damit so begeistert hatte, dass sie ihm Pennys zugeworfen hatten. Ich erfuhr, dass sein Vater Selbstmord begangen hatte. Er war zum Alkoholiker geworden, weil er die Gräuel, die er im Ersten Weltkrieg gesehen und durchgemacht hatte, nicht hatte verkraften können. Er ließ meine Großmutter mit ihren vier gemeinsamen Kindern zurück. Das waren harte Tage und harte Zeiten, die von großer Armut, aber auch von großer Moral geprägt waren.

Die Gespräche, die ich mit meinem Vater in den letzten Jahren seines Lebens geführt habe, waren wirklich erstaunlich und sehr aufschlussreich. Er erzählte mir beispielsweise, wie er eines Tages eine Brieftasche mit über hundert Pfund darin gefunden hatte. Er war gerade einmal zehn Jahre alt gewesen. Zu dieser Zeit hätten hundert Pfund ausgereicht, um ein Haus zu kaufen! Es war ihm nicht gelungen, auch nur zehn Schilling (in unserer heutigen Währung fünfzig britische Cent) davon auszugeben, was sicher nicht darauf zurückzuführen gewesen war, dass er es nicht versucht hatte. Er hatte alles gekauft, was ihm eingefallen war, doch dadurch hatte sich der Betrag kaum verringert. Dann hatte seine Mutter herausgefunden, was passiert war, und sie hatte sich den fehlenden Betrag vom Mund abgespart, um ihn zu ersetzen. Sie war eine gottesfürchtige Katholikin gewesen. Mein Vater erzählte mir, dass der Name ihres Mannes nicht erwähnt werden durfte, weil er, wie sie sagte, gestorben sei wie ein Hund und jetzt in der Hölle sei.

Das machte mich sehr traurig. Diese arme Frau hatte so viel Schmerz ertragen müssen und trug eine so große Bitterkeit in sich. Mein Vater hingegen war mit sich und seinem Leben ins Reine gekommen. Nachdem er meine Mutter verloren hatte, fand er schließlich Frieden und versöhnte sich mit mir. Wir liebten einander und bauten eine herzliche Männerbeziehung miteinander auf.

Am Tag seines neunzigsten Geburtstags wurde er krank und musste ins Krankenhaus gebracht werden. Die Schwester sagte mir, dass er mindestens noch drei weitere Monate leben würde, obwohl sie glaubte, dass er an qualvollen Schmerzen litt. Aber mein Vater sagte mir, das sei nicht wahr – er habe absolut keine Schmerzen. Und er sagte: »Ich werde heute mit deiner Mutter zu Abend essen!«

»Nein, Dad, du weißt doch, dass dir noch ein paar Monate bleiben – die Schwester hat es mir gesagt.«

»Hör nicht auf die Schwestern, Sohn – das war schon immer dein Problem. Hör auf Gott. Ich werde heute mit deiner Mutter zu Abend essen.«

Und das tat er. Er starb in Frieden. Er schlief einfach ein.

Es fühlte sich anders an als damals, als meine Mutter gestorben war. Ich verspürte keine Freude, aber ich war glücklich, dass er keine Schmerzen mehr hatte. Er war bei Gott. Er war sein Rennen gelaufen. Er war nach Hause gegangen.

Mein Leben veränderte sich erneut. Meine Wochenenden sahen jetzt völlig anders aus. Siehst du, nichts bleibt, wie es ist. Außer Gott. Wenn wir ihm vertrauen, können wir alles durchstehen.

Nachdem mein Vater gestorben war, fühlte ich mich ein wenig verloren. Ich hatte plötzlich so viel mehr Zeit und wusste nicht, was ich damit anfangen sollte. Damals ahnte ich noch nicht, dass der Dienst, in dem ich heute arbeite, schon sehr bald entstehen würde.

Die *Church on the Street* nahm ihren Anfang, als ich beschloss, mich mit einem Koffer voller Kleider, Thermosflaschen mit Tee und Kaffee, Sandwiches sowie einem Päckchen Zigaretten in meiner Jackentasche vor einer McDonald's-Filiale auf den Boden zu setzen. Auf dem Weg den Hügel hinauf zu dem Restaurant war mir ein wenig beklommen zumute. Ich stellte mir vor, dass die Leute denken würden: »Was ist das für ein Spinner? Was um alles in der Welt tut er hier?« Aber ich überwand die Angst und tat es trotzdem.

Ich setzte mich neben einen Mann, der bettelte, und als wir uns unterhielten, öffnete ich meinen Koffer und gab ihm Kaffee. Dann fischte ich ein Sandwich heraus und teilte es in zwei Hälften. Ich dachte: *Das ist keine schlechte Möglichkeit, das Abendmahl zu feiern! Für jeden eine Tasse Kaffee und ein halbes Sandwich.* Es fühlte sich wirklich gut an. Ich erzählte ihm ein bisschen von meinem Leben und er mir von seinem und wir hatten das Gefühl, auf einer Ebene zu sein. Das ist etwas, das meiner Beobachtung nach in den

Kirchen nicht sehr gut funktioniert – die Leute dort behandeln die Menschen nicht als Ebenbürtige. Sie glauben zwar, dass sie das tun, aber wenn man es mit etwas Abstand betrachtet, stellt man schnell fest, dass das definitiv nicht der Fall ist.

Schon bald versammelten sich zweimal pro Woche fünfzig oder sechzig Menschen vor der McDonald's-Filiale. Ich lernte David und seine Frau Mary kennen, die früher bei der Heilsarmee gewesen waren. Sie waren ein fantastisches Paar, und sie hatten ein Herz für meinen Dienst, was ihm noch zusätzlichen Schwung verlieh. Sie unterstützten mich, und als sich alles ein bisschen eingespielt hatte und besser organisiert war, fingen wir an, für die Menschen auf der Straße zu beten. Im Lauf der Zeit kamen Christen aus verschiedenen Kirchen hinzu. Manche von ihnen brachten selbst gebackene Kuchen oder Sandwiches mit und schon bald auch Kleider, die wir verteilten. Der Dienst wuchs in einer enormen Geschwindigkeit.

> Die *Church on the Street* nahm ihren Anfang, als ich beschloss, mich mit einem Koffer voller Kleider, Thermosflaschen mit Tee und Kaffee, Sandwiches sowie einem Päckchen Zigaretten in meiner Jackentasche vor einer McDonald's-Filiale auf den Boden zu setzen.

Mir kam der Gedanke, dass ich ein Kreuz brauchte, und jemand bastelte mir eines aus einem Tuch. Ich habe es heute noch. Es ließ sich zusammenfalten, sodass ich es in meinen Koffer legen konnte, und immer, wenn wir uns trafen, hängte ich es in einen Baum.

Zu dieser Zeit hatte ich das College abgeschlossen, aber ich war dort immer noch für zwei Tage in der Woche angestellt. Am liebsten hätte ich meine ganze Zeit meinem Dienst gewidmet, aber ich musste arbeiten, und ich musste auf Gott warten. Ich dachte oft über die Wunder nach, die Jesus getan hatte, und es lief immer wieder auf dasselbe hinaus: Alles dreht sich um Gottes Zeitplan. Das Übernatürliche dreht sich *nur* um Gottes Zeitplan.

Wäre Lazarus der Aufforderung Jesu, aus dem Grab herauszukommen, erst achtzehn Monate später gefolgt, wäre seine Auferstehung von den Toten zwar immer noch ein Wunder gewesen, aber es hätte nicht dieselben Auswirkungen gehabt. Wenn Jesus etwas befiehlt und es passiert, dann ist das übernatürlich.

Und wenn wir einen Anteil daran haben, dann ist das etwas sehr Besonderes. Ich glaube wirklich, dass Gott durch Jesus Christus alles tun kann. Wenn wir ihn bitten und uns mit der Kraft der Liebe, die in uns ist, auf ihn berufen, dann wird es geschehen.

Ich glaube wirklich, dass Gott durch Jesus Christus alles tun kann. Wenn wir ihn bitten und uns mit der Kraft der Liebe, die in uns ist, auf ihn berufen, dann wird es geschehen.

Lass mich dir von einem bestimmten Tag erzählen, an dem ich wieder einmal vor dem McDonald's-Restaurant war, Sandwiches an die Menschen verteilte und, wie ich es um der Geselligkeit willen immer gern tat, auch selbst eines aß. (Das bedeutete, dass ich oft ziemlich viel aß!) Ich sprach mit einem Mann, ein Stück entfernt saß ein anderer Mann und um uns herum waren noch viele weitere Menschen.

Plötzlich ertönte ein Knall!

Stille.

Dann brach Panik aus. Ein Mann war von einer Bank gefallen und hart auf dem Boden aufgeschlagen. Es sah sehr nach einer Überdosis aus. Leute standen um ihn herum, als ich hinüberging und seinen Puls prüfte, doch dieser war nicht zu spüren und seine Lippen waren blau. Ich besitze keine medizinischen Kenntnisse, deshalb wusste ich nicht, was ich tun sollte. In diesem Moment kam ein Ersthelfer vorbei. Er versuchte, den Mann wiederzubeleben, jedoch ohne Erfolg. Dann hörten wir die Sirene des Notarztwagens herannahen. Die Sanitäter taten ihr Bestes, um ihn ins Leben zurückzuholen.

Doch alle Mühe schien vergebens zu sein. Jemand sagte: »Wenn du an Gott glaubst, solltest du jetzt für ihn beten. Er ist gestorben.« Er hatte das Kreuz gesehen, das ich direkt neben der Bank, von der mein Freund gefallen war, in einen Baum gehängt hatte. Man sah die Furcht in den Gesichtern der Menschen. In Davids Augen standen Tränen, er war völlig verzweifelt. Er besaß ein wunderbares, tiefes Mitgefühl.

Ich bat die Menschen zu beten, und manche von ihnen taten es. Ich sah, wie sie ihre Köpfe beugten, legte meine Hand auf den Mann und sagte schlicht: »Herr, berühre ihn einfach. Gib ihm noch eine Chance. Gib ihm noch eine Chance zu leben, Herr.«

Plötzlich bekamen seine Lippen wieder Farbe! Seine Augen waren geschlossen und es war immer noch kein Puls zu spüren. Doch dann hörte ich ein Geräusch. Ich hob den Kopf und sah, wie sich die Gesichter der Menschen veränderten. Der Mann hustete und spuckte! Wir riefen die Sanitäter, die gerade einen Leichensack holten. Sie rannten zu uns zurück und verfrachteten ihn schnell in den Notarztwagen. Sie mussten noch einiges tun, um den Mann zu stabilisieren, aber er kam ins Leben zurück. *Er kam zurück!*

Das Übernatürliche geschieht in Gottes Zeitplan.

Das Übernatürliche geschieht in Gottes Zeitplan. Ich habe mich im Laufe der Jahre sehr oft gefragt: Hatte er tatsächlich nur einen sehr schwachen Puls? War er, als ich für ihn betete, sowieso schon dabei gewesen, sich zu erholen? Oder hatte Gott mein Gebet beantwortet?

Aber die Antworten auf diese Fragen spielen nicht wirklich eine Rolle, denn er lebte! Er hatte noch eine Chance bekommen.

Ich sehe ihn fast jeden Tag. Ich wünschte, ich könnte jetzt sagen, dass die Geschichte ein Happy End hatte – dass er zu Jesus fand, keine Drogen und Alkohol mehr konsumierte, schöne und saubere Kleider trug und nicht mehr in Parks und Tiefgaragen schlief.

Das kann ich nicht.

Aber was ich sagen kann, ist: *Er ist gerettet!* Er hat einen Glauben, wie ich ihn nicht bei vielen Menschen sehe. Er schläft immer noch im Freien. Er ist immer noch ein heftiger Trinker. Er nimmt immer noch Drogen.

Aber er ist gerettet.

Eines Tages erzählte er mir, dass er mich hatte hören können, als er auf dem Boden gelegen hatte. Er hatte gespürt, dass er eine Wahl gehabt hatte, und beschlossen zurückzukommen, weil es jemanden gab, dem er wichtig war. Seine Worte lösten großes Staunen in mir aus – über die Liebe in uns, die die Liebe von Jesus zu anderen widerspiegelt, die Liebe, die uns erstrahlen lässt, weil wir Jesus in uns tragen. Welche *Kraft* muss diese Liebe haben! *Das* ist es, was die Menschen ins Leben zurückkehren lässt.

Ich weiß bis heute nicht, ob mein Freund damals wirklich von den Toten zurückgekehrt ist. Aber ich weiß, dass Jesus ihn wiederhergestellt und ihm Glauben geschenkt hat – und darüber hinaus noch ein Zeugnis, von dem mein Freund ständig Gebrauch macht.

Du siehst, es geht nicht immer darum, was andere glauben. In diesem Fall geht es darum, was *er* glaubt. Und er ist sich sicher, dass Gott ihn von den Toten auferweckt hat. Der Rest geht mich nichts an.

Ich wusste, dass ich in den Dienst berufen war. Ich sah, dass um mich herum außergewöhnliche Dinge passierten. Aber ich wusste auch, dass ich geistliche Unterstützung benötigte. Ich brauchte eine Autoritätsperson, der gegenüber ich Rechenschaft ablegen musste. Als ich mir einige Kirchen verschiedener Konfessionen ansah, verlor ich jedoch immer mehr den Mut. Ich weiß beispielsweise, dass ein Alkoholiker, der keinen Alkohol bekommt, einen Anfall erleiden kann – sein Körper wird in einen Schockzustand versetzt und möglicherweise stirbt er sogar. Ich habe das schon mit eigenen Augen gesehen. Doch die Menschen in den Kirchen, die ich mir ansah, hatten ein völlig falsches Bild vom Alkoholismus und seinen fatalen Auswirkungen. Sie unterstützten mich nicht dabei, Alkohol auszuschenken, nicht einmal den Sterbenden. Aber aus den eben genannten Gründen musste ich diese Freiheit haben. Das war ein Problem. Darüber hinaus gab es noch viele weitere Aspekte, die mich enttäuschten, und ich befürchtete, nie einen Ort zu finden, an dem ich mich wohlfühlte. Die Kirche, die mich so überzeugte, dass ich mich ihr anschließen wollte, schien es nicht zu geben.

Ich wusste, dass ich in den Dienst berufen war. Ich sah, dass um mich herum außergewöhnliche Dinge passierten. Aber ich wusste auch, dass ich geistliche Unterstützung benötigte.

Aber in der Zwischenzeit machte ich meinen Abschluss am College! Es war ein sehr aufregender Tag, als uns Absolventen im Rahmen der Feierlichkeiten unsere Zeugnisse überreicht wurden. Meine Schwestern und meine Kinder waren gekommen, um der Zeremonie beizuwohnen. Sie waren sehr stolz auf mich. Und als sie meinen Namen aufriefen und alle klatschten und ich mit meinem lustigen flachen Hut, dem langen Gewand und dem bunten Ding um meinen Hals nach vorn ging, war ich ebenfalls sehr stolz auf mich! Ich glaubte, dass Gott etwas in mir getan hatte, weil es mir gelungen war, einen Bachelor-Abschluss mit Auszeichnung in Theologie zu bekommen, auch wenn ich noch keine Ahnung hatte, was ich damit anfangen sollte. Ich wagte es nicht zu träumen. Ich hatte das Gefühl, dass es im Moment das Richtige war, einfach abzuwarten. Und genau das tat ich. Ich wartete ab.

Eines Tages traf ich in einer Kirche auf einen Bischof, der dort gerade zu Besuch war. Er hatte etwas Besonderes an sich, und als er sagte: »Ich hasse Religion!«, horchte ich auf. Ich fragte mich, warum er ein violettes Hemd trug und kein schwarzes, aber was er sagte, ergab für mich Sinn.

Weißt du, wenn ich studierte und in meiner Bibel las, glaubte ich, was dort stand. Ich spürte, dass die Geschichte, die dort erzählt wurde, wahr war. Aber viele meiner Freunde taten das nicht. Sie glaubten nicht an Wunder, und sie konnten sich nicht vorstellen, dass Gott die Dinge, die er früher getan hatte, auch jetzt noch tat. Aber ich glaubte es. Genauso wie dieser Bischof. Er sprach meine Sprache.

Nach dem Gottesdienst machte ich mich auf die Suche nach dem Mann im violetten Hemd. Ich schüttelte ihm die Hand und stellte ihm viele Fragen. Ich sagte ihm, dass ich gerade mein Theologiestudium beendet hätte und mich zum Dienst für Gott berufen fühle, jedoch nicht genau wisse, wie dieser aussehen solle. Ich war auf der Suche nach einem Mentor, der mir die richtige Richtung wies. Wir hatten bereits den Dienst auf der Straße, der auch stetig wuchs, aber ich brauchte immer noch eine Anleitung, ich brauchte jemanden, dem gegenüber ich Rechenschaft ablegen musste. Nach all den Dingen, die ich getan, und dem kriminellen Leben, das ich geführt hatte, wusste ich, dass ich mich einer Autorität unterordnen sollte.

Bischof Steven lud mich in sein Haus ein. Er erklärte mir, was es mit der Ordination zum Pastor auf sich hatte und welche Schritte dafür notwendig waren. Und er betete für mich. Sein Gebet war sehr bewegend, und als er seine Hand auf meine Schulter legte, spürte ich, dass etwas passierte. Er schien die Art von Mann zu sein, mit dem ich in einen Boxring steigen und trainieren könnte. Wir würden uns gegenseitig Techniken beibringen, aber wir würden nicht zuschlagen. Solche Menschen trifft man nicht oft.

Er machte mir ein Angebot: Er war bereit, mich als Mentor zu begleiten. Wir würden uns regelmäßig treffen, ich würde einige Formulare ausfüllen und verschiedene Kriterien erfüllen müssen, und er würde sich über einen langen Zeitraum hinweg ein Urteil darüber bilden, ob ich für die Einsetzung als Pastor geeignet wäre. Wenn ja, würde ich ordiniert werden.

Ich stellte ihm noch viele weitere Fragen – über Abhängigkeit, über den Dienst und mein Verständnis des Evangeliums.

Seine Antwort auf meine letzte Frage freute mich sehr: »So, wie du es verstehst, *ist* es das Evangelium, Mick! Was du den Menschen sagst, ist die Wahrheit. Und natürlich werde ich dich dabei unterstützen, sie an andere weiterzugeben.«

Ich verspürte eine ganz neue Begeisterung, und diese setzte die nötige Energie in mir frei, die ich brauchte, um meine Zeit und Mühe in den Aufbau meines Dienstes zu stecken und mein Bibelstudium zu intensivieren, damit ich der Ordination ein Stück näher kam.

Bei einem meiner regelmäßigen Treffen mit Bischof Steven fiel ihm auf, dass ich Angst davor hatte, Geld zu besitzen, und er fragte mich nach dem Grund dafür. Ich schwieg für einen Moment. Dann sah ich ihm in seine freundlichen Augen und sagte: »Weil ich so viel Zerstörung angerichtet habe, als ich welches hatte.«

Seine Antwort auf meine letzte Frage freute mich sehr: »So, wie du es verstehst, *ist* es das Evangelium, Mick!«

Seine Antwort lautete: »Das war so, weil das Geld Macht über dich hatte. Wir müssen über diesen Punkt beten, denn wie kannst du einen Dienst aufbauen, wenn du kein Geld hast und nicht in der Lage bist, es anzunehmen?«

Also beteten wir. Während unseres Gebets hörte ich in meinem Geist ein Knacken. Kennst du das Geräusch, wenn jemand durch den Wald stapft und auf einen morschen Ast tritt? Genauso hörte es sich an. Von diesem Moment an entwickelte ich zwar nicht plötzlich den Ehrgeiz, reich zu sein, aber ich begriff allmählich, dass Gott für mich sorgen würde – wenn ich seine Versorgung annahm. Und wenn ich immer auf Gott hörte, würde es mir auch gelingen, meinen Dienst aufzubauen und den Armen zu helfen.

Ich sprach auch mit David und Mary darüber, und David bestätigte mich in meiner Denkweise. Er sagte, er spüre, dass Gott immer – *immer* – für uns sorgen würde, wenn wir seinem Weg folgten.

In der Woche vor meiner Ordination betete Bischof Steven wieder einmal für mich. Zuvor hatte noch niemals jemand eine Prophezeiung über mir ausgesprochen. Man hatte mir gesagt: »Gott ist bei dir, Mick«, aber das war nicht dasselbe. Bischof Steven sagte mir, dass mein Dienst sehr schnell wachsen würde. Er sagte Dinge wie: »Das Fernsehen wird kommen. Es wird Bücher geben. Du wirst viel Geld haben, mit dem du richtig umgehen musst, und es wird eine große Verantwortung auf deinen Schultern liegen. Aber Gott wird bei jedem Schritt, den du gehst, an deiner Seite sein. Das alles wird passieren. Das alles wartet auf dich, wenn du dich dafür entscheidest, anzunehmen, was Gott für dich hat. Sei bereit. Er ist bei dir.« Dann erzählte er mir, wie er selbst mich in meinen Plänen unterstützen würde.

Um ehrlich zu sein, habe ich das, was er gesagt hat, irgendwie abgetan. War das nur das Geschwafel eines verrückten Mannes? Es war doch nicht möglich, dass so etwas in meinem Leben passierte? Wahrscheinlich wollte er einfach nur nett zu mir sein, weil ich in

Kürze ordiniert werden sollte. Oder war das wirklich ein Wort von Gott?

Der Tag meiner Ordination kam. Während des Gottesdienstes, an dem auch meine Familie und verschiedene Würdenträger der Stadt wie der Bürgermeister, einige Politiker und der lokale Abgeordnete teilnahmen, fühlte ich mich wie ein … nein, Betrüger ist nicht das richtige Wort. Ich fühlte mich unwürdig. Aber als der Bischof mir die Hände auflegte und betete, explodierte etwas in mir. Hast du als Kind manchmal nassen Sand in einen Eimer gepackt, ihn richtig festgedrückt und dann beobachtet, wie er nach dem Trocknen als komplettes Ganzes mit Schwung rausgerutscht ist? Wooosh! Genau diese Wirkung spürte ich *überall* in meinem Körper – sogar in meinem Geist, in meinen Gedanken und meinem Atem. Ich war lebendig!

Ich sah zu dem Bischof mit seinem spitz zulaufenden Hut und seiner langen Robe und fühlte mich … geliebt. Ich glaube, er war ein bisschen jünger als ich, aber für mich war und ist er wie ein Vater. Ich vertraue ihm und weiß, dass ich ihm am Herzen liege.

Ich kam gestärkt und mit neuer Gewissheit aus meiner Ordination heraus. Ich konnte die Schultern straffen, aufrecht stehen und wusste, dass Gott bei mir war und ich einer Autorität unterstand.

Ich kam gestärkt und mit neuer Gewissheit aus meiner Ordination heraus. Ich konnte die Schultern straffen, aufrecht stehen und wusste, dass Gott bei mir war und ich einer Autorität unterstand. Das ist etwas, von dem ich bis zum heutigen Tag glaube, dass es für uns alle sehr wichtig ist. Wir brauchen jemanden, gegenüber dem wir Rechenschaft ablegen müssen.

Ich ging dazu über, ein schwarzes Hemd und einen Priesterkragen zu tragen. Ich entschied, dass ich es ab sofort immer tragen würde, wenn es mir dabei helfen würde, das Evangelium zu predigen und den Menschen von Jesus zu erzählen. Und wenn nicht, dann eben nicht. Aber ich stellte sehr schnell fest, dass viel mehr Menschen als zuvor zu mir kamen und mir von ihren Problemen erzählten oder mich auf Gelegenheiten aufmerksam machten, mit anderen zu beten. Deshalb trage ich auch heute noch immer ein schwarzes Hemd mit einem hellen Priesterkragen. Diese Kleidung ist ein Teil dessen geworden, wer ich bin.

Innerhalb kurzer Zeit fanden wir ein Gemeindezentrum. Kennst du diese Orte mit einer Durchreiche für Kaffee und Tee? Genau so einen fanden wir! All die Menschen, die auf der Straße zu uns kamen, brauchten ein Zuhause, und für zwanzig Pfund pro Sonntagnachmittag konnten wir dort unseren eigenen Gottesdienst abhalten.

Die Besucherzahl wuchs sehr schnell, und ehe wir es uns versahen, kamen jede Woche achtzig bis neunzig Personen. Ich erinnere mich noch, wie ich eines Tages in einem Gottesdienst hinter dem Mikrofon stand und dachte: *Wie wunderbar ist das! Das kann nur Gott getan haben.*

Du siehst, Gott erwählt die, die in den Augen der Welt gering sind, um diejenigen zu beschämen, die sich selbst für weise halten. Genau das tat er mit mir. Er nahm einen Narren und besetzte mit ihm eine verantwortungsvolle Position, etwas, das, wie ich sagen muss, vielen der Weisen nicht gefiel. Das enttäuschte mich wiederum sehr. Damals war ich emotional einfach noch nicht reif genug, um damit umzugehen. Ich war niedergeschlagen und deprimiert, denn schließlich versuchte ich nur, mein Bestes zu geben. Aber manche Menschen aus anderen Kirchen sagten Dinge wie:

Du siehst, Gott erwählt die, die in den Augen der Welt gering sind, um diejenigen zu beschämen, die sich selbst für weise halten.

»Ihr seid keine richtige Kirche, weil ihr nur ein kleines, gemietetes Gebäude habt.« Aber ich beschloss, Gott zu vertrauen und weiterzumachen.

David und Mary, Sarah und ich beteten. Wir beteten und beteten und beteten! Es gab Zeiten, in denen ich bei David und Mary zu Hause saß und bis in die frühen Morgenstunden mit ihnen betete – für Burnley, dass die Menschen aus der Stadt erlöst und Jesus wie nie zuvor kennenlernen würden. Wir glaubten. Wir vertrauten. Wir gaben uns Mühe. Wir trafen die Entscheidung, nicht aufzugeben.

Aber plötzlich brach die Pandemie aus.

David verstarb leider.

Und wieder änderte sich alles.

14

Lockdown

Ich saß in einem Café mit einer Tasse Kaffee in der Hand. Während meine Gedanken umherwanderten, strich ich mir mit der Tasse immer mal wieder über mein Gesicht und schlürfte leise an dem Getränk. Es hingen Bilder an der Wand, auf denen zu lesen war: »Hol dir unsere Bonuskarte, lass 3000 Getränke abstempeln und bekomme 50 Cent Nachlass auf deinen nächsten Cappuccino!« Daneben hingen stark vergrößerte Fotos von Bacon-Sandwiches, die nur wenig Ähnlichkeit mit dem Sandwich aufwiesen, das ich mir gerade bestellt hatte. Ich rutschte unruhig auf dem harten Plastikstuhl herum, mein Rücken schmerzte, aber das Bacon-Sandwich schmeckte gut.

Als ich aufsah, stand direkt vor mir eine große, dunkle Gestalt in einem schwarzen Crombie-Mantel, der offen stand. Er war so lang, dass ich gerade noch die Schuhe sehen konnte. Sie glänzten nicht, sondern waren ziemlich matt. Ich würde sagen, es waren Arbeitsschuhe. Nicht besonders sauber, aber auch nicht schmutzig. Gute Arbeitsschuhe eben.

Ich hob den Blick und er fiel auf ein schwarzes Hemd und einen schönen Priesterkragen. Fast schämte ich mich. Ich merkte, wie meine Hand instinktiv zu meinem Hals und meinem acht Pfund teuren Hemd und Priesterkragen wanderte, während ich auf dieselbe Ausstattung im Wert von wahrscheinlich achtzig Pfund blickte. Das Gesicht des Mannes war sanft, aber es war anders als die Gesichter der Christen, an die ich mich gewöhnt hatte. Dieser Mann wirkte echt. Er sah nicht aus, als hätte er die Art von Leben geführt wie ich, aber seine Augen erzählten definitiv Geschichten. Ihn umgab eine aufrichtige Wärme.

Ich weiß noch, wie er sich mit den Fingern durchs Haar fuhr und sie zur Seite strich. Er berührte seine Brille, als er mich ansprach, und streckte seine Hand aus. »Vater Alex, St. Matthew's Church.«

»Freut mich, Sie kennenzulernen, Vater Alex. Ich bin Pastor Mick von … der Kirche auf der Straße, denn ich schätze, da ist meine Kirche!«

»Freut mich auch, Sie kennenzulernen.«

Seit diesem Tag trafen wir uns immer mal wieder, und im Lauf der Zeit wurden wir Freunde. Er war ein Vikar der anglikanischen Kirche und ein netter Mann. Ein wirklich netter Mann. Ich mag Vater Alex. Er hat etwas Besonderes an sich, das sich nicht beschreiben lässt, aber dieses Besondere hat er im Überfluss.

Etwa ein Jahr später zog ich mich für eine kurze Zeit zurück und nahm mir eine kleine Auszeit. Das war kurz vor dem ersten Lockdown. Es war, als würden wir ahnen, dass gerade irgendetwas auf uns zukam, auch wenn wir nicht wussten, wie es aussehen oder wo es uns hinführen würde. Doch die Dinge sollten sich ändern, und das schon bald.

Ich ging in ein christliches Zentrum, um zu beten, aber ich blieb nur eine Nacht dort. Die Kirche bezahlte für mich die Kosten – ich glaube, das waren zu dieser Zeit achtzig Pfund –, und ich fühlte mich schuldig, das Geld anzunehmen. Aber ich tat es trotzdem. Und als ich betete, fühlte es sich an, als sei die Zeit gekommen … als sei *meine* Zeit gekommen. Fast glaubte ich, dass ich für diese

Zeit geboren worden war. Ich wusste nicht, was das bedeutete, aber ich würde es sicher herausfinden.

Innerhalb weniger Wochen wurde der Lockdown ausgerufen und die Straßen waren menschenleer.

Ich zog es niemals auch nur in Betracht, in meinem Haus zu bleiben. Ich hätte mich gefühlt wie ein Löwe im Käfig – das hätte nicht funktioniert! Mein Ausweg bestand darin, erstens Gott zu dienen und zweitens so viel wie möglich zu tun, um Jesus zu den Menschen zu bringen. Als die Beschränkungen noch strikter wurden und die Supermärkte entweder ganz schlossen oder nur noch begrenzt geöffnet hatten, fühlten sich viele verloren. Ich musste ihnen helfen. Wir hatten den Menschen auf der Straße zu essen gegeben, und nun wurde uns gesagt, dass das nicht länger erlaubt sei. Aber das stand für mich außer Frage. Ich würde kein Nein akzeptieren.

Innerhalb weniger Wochen wurde der Lockdown ausgerufen und die Straßen waren menschenleer.

Ich weiß noch, wie ich zu Hause bei einer Tasse Kaffee saß und dachte: *Was soll ich tun?* Während ich weiter nachdachte und betete, wuchs in mir plötzlich ein ganz neuer Entschluss. Ich schnappte mir einen Stift und ein Blatt Papier und teilte es in vier Teile auf – ein Teil für jeden Stadtbezirk. Ich beschloss, Essen – Sandwiches und Mahlzeiten, die man aufwärmen konnte – zu besorgen und es den Menschen zu bringen oder es zumindest irgendwo zu deponieren, wo sie es sich holen konnten. Noch besser wäre es natürlich, wenn ich sie treffen und mit ihnen reden könnte. Ich würde das Essen komplett verpackt lassen und es nicht anfassen. Ich fand es furchtbar, dass menschliche Berührungen nicht mehr erlaubt waren. Es konnte einfach nicht richtig sein, dass die Menschen plötzlich Angst hatten, anderen zu nahe zu kommen. Ich selbst hatte keine Angst, aber ich wusste, dass ich mich an die Vorschriften halten musste.

Während ich in meiner Küche saß, kam mir noch ein anderer Gedanke: *Ich bin mein ganzes Leben lang ein Krimineller gewesen, und jetzt habe ich den großen Wunsch, den Menschen und Gott zu dienen. Wie soll ich das anstellen?*

Die Antwort darauf war sehr einfach: »Tu, was du immer getan hast.«

Und das war es. Das war die Lösung.

Ich suchte Vater Alex auf. Das Gemeindezentrum, in dem wir uns immer getroffen hatten, gewährte uns nur sonntags für eine Stunde Zugang, aber Vater Alex hatte eine Kirche. Gemeinsam beschlossen wir, dort eine Lebensmittelsammelstelle für Bedürftige einzurichten. Ich organisierte alles genau so, wie ich es getan hätte, als ich noch ein kriminelles Leben geführt hatte.

Damit du dir vorstellen kannst, wie das vonstattenging: Wir baten die Menschen, Lebensmittel zu besorgen und sie an einer bestimmten Stelle abzugeben. Dann trommelten wir ein paar Leute zusammen, die alles in Tüten packten. Anschließend lieferten wir die Lebensmittel an bedürftige Menschen aus. Vielleicht würdest *du* das Drogenhandel nennen, aber *ich* nenne es Wiedergutmachung!

Die Kirche von Vater Alex wurde zu einer zentralen Sammelstelle, und wir fingen an, mit meinem Toyota Aygo Lebensmittelpakete auszuliefern. Dieses Auto war so winzig, dass uns jedes Mal die Tränen kamen, wenn wir es ein ums andere Mal bis unters Dach vollpackten. Die Lebensmittelsammelstelle, die wir ins Leben gerufen hatten, beeinflusste uns sehr – nicht nur emotional, sondern auf vielerlei Weise: Gott gebrauchte uns und segnete unsere Kirchen, und die Gemeinschaft zog zusammen an einem Strang und unterstützte uns bei unserer Arbeit. Die Menge an Lebensmitteln, die wir bekamen, sprengte jedes Maß – ihr Wert lag bei mehreren tausend Pfund. Wir lieferten Tausende und Abertausende Pakete aus!

Wenn wir einen Lieferwagen benutzten, übernahm ich das Ausladen der Pakete. An einem Nachmittag kamen wir zu einem Haus, von dessen Gartentor ein Weg zur Haustür führte. Ich stellte mir vor, wie Jesus genau in der Mitte stand und den Abstand, der gerade zwischen den Menschen herrschte, überbrückte. Sie waren so ängstlich geworden, dass sie alles dransetzten, anderen nicht zu nahe zu kommen, und ließen niemanden mehr in ihr Haus. Es war eine erschreckende Zeit.

Ich klopfte an die Tür. Ein junger Mann öffnete mir. Ich gab ihm das Essenspaket und er fragte: »Willst du hereinkommen, Mick?«

»Ja.« Ich ging hinein. Ich weiß nicht, ob ich mich schäme, das zuzugeben, aber ich hielt mich nicht allzu genau an die Lockdown-Regeln. Das mag richtig oder falsch gewesen sein – aber es ist die Wahrheit.

Wir setzten uns, und der Mann erzählte mir, dass er Selbstmordgedanken hege. Er erzählte mir von seinem Leben und seinem Drogenmissbrauch, und ich berichtete ihm im Gegenzug einiges aus meinem Leben. Von da an trafen wir uns regelmäßig. Er war ein netter Kerl, aber ein bisschen verloren, genauso wie der andere außergewöhnliche junge Mann, den ich in der Psychiatrie kennengelernt hatte, ein liebenswerter Mensch.

Ich traf auf viele Menschen, deren seelische Verfassung einen Tiefpunkt erreicht hatte, und manche von ihnen baten mich herein, weil sie so verzweifelt waren. In einer Straße lieferten wir Essenspakete an drei junge Männer in drei verschiedenen Häusern aus, die sich später alle das Leben nahmen. An diesem Punkt wurde mir klar, dass die Pandemie einen hohen – einen sehr hohen – Preis fordern würde. Ich kam in Häuser, in denen die Kinder in Schlafanzug und Bademantel auf dem Boden saßen und direkt aus der Packung Reiswaffeln aßen, weil das alles war, was sie hatten.

Ich weinte viel in dieser Zeit. Ich machte diese Arbeit bereits seit zehn Jahren, aber jetzt sah ich die Armut in einem anderen Licht. Sie nahm zu, weil sie jetzt mit Furcht einherging. Die Menschen wussten nicht, was sie tun sollten. Sie starben, und das nicht nur an Covid – sie starben, weil sie nicht geliebt wurden.

Die Welt hatte ihre Tür verschlossen. Ihr Gesicht verhüllt.

Und die Kirchen hatten die Türen zugeknallt und fest verriegelt.

Ich hatte das Gefühl, dass das nicht richtig sein konnte! Deshalb fing ich an, auf Parkplätzen und auf der Straße Gottesdienste abzuhalten. Mit der Zeit kamen immer mehr Menschen. Ich erinnere mich noch an einen Gottesdienst, den ich auf einem Parkplatz in der Nähe eines Supermarkts abhielt. Dieses Unterfangen war ein wenig heikel, weil niemand genau wusste, was man tun durfte und was nicht. Ich hatte davon gehört, dass man ja während einer Pandemie die Lebensmittelversorgung nicht stoppen könne. Insofern schien es doch in Ordnung zu sein, wenn ich sonntags mit einem Lieferwagen voller Lebensmittel auftauchte, solange ich die Sicherheitsvorschriften ausgedruckt vorn auf dem Sitz liegen hatte, oder? Vielleicht habe ich mir das selbst so zurechtgebogen, aber wie auch immer – ich zeigte meinen guten Willen. Ich hatte auch einen kleinen Lautsprecher und ein Mikrofon dabei und sprach über Jesus.

Die Welt hatte ihre Tür verschlossen. Ihr Gesicht verhüllt. Und die Kirchen hatten die Türen zugeknallt und fest verriegelt.

Irgendwann fragte ich mich: *Wo mag wohl der beste Ort sein, um so etwas durchzuziehen? Wie kann ich es wirklich zum Laufen bringen?* Versteh mich jetzt nicht falsch. Es war nicht so, dass ich keine Angst hatte, aber ich wusste, dass ich es dennoch tun würde. Und so überlegte ich, dass der beste Ort wahrscheinlich direkt neben dem Polizeirevier war.

Also baute ich die Kirche – die *Church on the Street* – auf einem Parkplatz gleich neben dem Polizeirevier auf. Zwei Wochen lang kam ich damit durch. Dann rückte die Polizei an. Es war wie in der britischen Fernsehserie *The Sweeney and The Flying Squad,* als sie mit ihren Sirenen angerast kamen. Was für ein Schock. Mein Herz klopfte wie wild. Sie blockierten die Zufahrt und die Menschen begannen sich zu zerstreuen. Viele meiner Gemeindemitglieder waren nicht zu hundert Prozent gesetzestreu, und so suchten sie schnell das Weite, als sie das Blaulicht erblickten. Man hörte die Worte: »Haut ab!«, und das Getrampel von Lederschuhen auf der Straße.

Die Polizisten steuerten geradewegs auf mich zu. »Wie ist Ihr Name? Was tun Sie hier?«

Einer von ihnen fiel mir besonders auf. Er wollte mich um jeden Preis verhaften. Er war ein großer, stämmiger Kerl mit dunklen Augen und dunklem Haar. Er trug eine Schutzweste – wahrscheinlich braucht man das, wenn man einen Priester verhaften will – und sah mir direkt ins Gesicht. »Was tun Sie hier? Das ist illegal, Sie verursachen hier einen Tumult. Sie bringen die Menschen um!«

Wow!

Ich öffnete die Türen des Lieferwagens, zeigte ihm all die Lebensmittel und gab ihm meine »Risikobewertungskarte«. Ich konnte sein Gespräch über Funk mithören: »Ja, aber … Nein, ich weiß, aber …« Es schien, als würde ihm die Person am anderen Ende die Anweisung geben, mich in Ruhe zu lassen.

Als ich noch darauf wartete, zu erfahren, ob ich verhaftet werden oder nur eine enorme Geldstrafe bekommen würde, sah ich Gordon, der mich in den vergangenen Jahren immer so freundlich in sein Haus eingeladen hatte. Er betete mit den anderen Polizisten, seine Hand lag auf der Schulter des Mannes neben ihm. Ich verspürte einen solchen Frieden!

Aber mein »Polizistenfreund« war nicht zufrieden mit der Wendung, die die Situation genommen hatte. Seine Stirn war gerunzelt, in seinem Gesicht stand Ärger. Sein Haar schien noch stacheliger von seinem Kopf abzustehen als zuvor und in seine gebräunte Haut gruben sich tiefe Falten. Er war alles andere als glücklich.

Doch die Polizisten stiegen wieder in ihre Transporter und fuhren weg, diesmal ohne Sirenengeheul.

Als sie weg waren, nahm ich das Mikrofon und spielte in voller Lautstärke *Amazing Grace* ab. Die Musik schwebte über uns und erfüllte die Luft. Ich hörte leises Schniefen und sah, dass viele Menschen weinten. Die *Church on the Street* war lebendig! Sogar die Polizei ließ uns in Ruhe. Wir hatten einen Weg gefunden, unsere Kirche am Laufen zu halten, während alle anderen im Lockdown waren. Ich danke Gott bis zum heutigen Tag, dass unsere Türen nie verschlossen waren.

Du siehst, man kann den Heiligen Geist nicht in eine Schublade stecken.

Im Laufe der nächsten Wochen versammelten sich sonntags immer mehr Menschen auf dem Parkplatz. Ich war ein bisschen beunruhigt, wenn wir die Gottesdienste abhielten, denn je mehr Menschen kamen, umso größer schien das Risiko zu sein. Doch wir teilten sie in Gruppen auf die Parkbuchten auf und taten alles, um ihre Sicherheit so gut wie möglich zu gewährleisten. Wir hatten sogar Ordner, die darauf achteten, dass alles korrekt ablief. Manche Menschen, die an uns vorbeifuhren, hupten und winkten. Aber es gab auch andere, die uns anschrien und uns Mörder nannten.

Du siehst, man kann den Heiligen Geist nicht in eine Schublade stecken.

Es war eine so seltsame, außergewöhnliche Zeit.

Ich weiß noch, wie ich bei der Auslieferung der Lebensmittel durch leere Straßen fuhr. Viele ältere Menschen wagten es nicht, an die Tür zu kommen, doch sie waren sehr froh, dass sie sich durchs Fenster mit jemandem unterhalten konnten. Ich glaube, in den ersten zwölf Monaten der Pandemie verlor die Menschheit ihre Strahlkraft und verfiel in Antriebslosigkeit. Die Menschen starben geistlich ab. So viele Teile unseres Lebens, die wir als selbstverständlich angesehen hatten, waren plötzlich weggebrochen.

Jeden Samstag fuhr ich zu Vater Alex in seine Kirche, wo wir Essen ausgaben und in Empfang nahmen, was angeliefert wurde. Diese wöchentlichen Treffen wurden so etwas wie ein Höhepunkt für mich. Von überallher kamen Menschen, um uns zu helfen. Das war eine solche Freude! Wir waren Woche für Woche sehr bewegt. Ich habe mein ganzes Leben lang extreme Armut gesehen, aber ich glaubte nicht, dass es Vater Alex ebenso ergangen war. Deshalb brachte sein Mitgefühl das Beste in mir zum Vorschein.

Ich glaube, wenn Politiker und Kirchenleiter *mit* den Armen weinen könnten, würden sich die Dinge verändern. Vater Alex und ich weinten regelmäßig sowohl zu zweit als auch mit armen Menschen. Das war etwas sehr, sehr Besonderes, weil wir dadurch erkannten, dass die gute Nachricht für die Armen an uns gerichtet ist. *Wir* sind die Armen. Letztendlich sind es nicht sie. Wir sind es.

Das habe ich von Vater Alex gelernt. Uns verband eine wunderbare Bruderschaft, und er vermittelte mir einen Frieden, der es mir erlaubte, zu sein, wie ich wirklich war. Er hat mir geholfen zu weinen. Und dafür werde ich für immer dankbar sein.

Eines Tages erhielten wir einen Anruf von der BBC, die eine Reportage über die Arbeit von Vater Alex und mir machen wollte. Wir unterhielten uns darüber und sagten uns: »Warum eigentlich nicht? Was kann es schaden?«

Kurze Zeit später besuchten uns drei Reporter der BBC. Ich kann mich noch lebhaft an dieses erste Treffen erinnern. Wir stellten schnell fest, dass wir es mit drei ehrlichen und aufrichtigen Menschen zu tun hatten. Vor allem das Zusammentreffen mit Ed Thomas, dem Nachrichten-Sonderkorrespondenten, sollte mein Leben verändern, obwohl ich ihm zu Beginn lustigerweise nicht wirklich vertraute. Ich wusste nicht viel über Journalisten und war auf der Hut. Ich glaube, er musste sich sehr anstrengen, um mein Vertrauen zu gewinnen.

> Ich glaube, wenn Politiker und Kirchenleiter *mit* den Armen weinen könnten, würden sich die Dinge verändern.

Wir führten das Team herum. Vater Alex und ich hatten beide unseren eigenen Dienstbereich, und so waren wir teils getrennt und teils zusammen unterwegs. Phil, der Kameramann, der aus Liverpool stammte, war ein sehr bodenständiger Mensch. Ich fühlte mich ihm auf eine brüderliche Art verbunden und hatte das Gefühl, dass wir auf derselben Wellenlänge waren. Er schien zu verstehen, wie ich fühlte. Was Ed anging, so sah der eher so aus, als wäre er besser Mitglied einer Boygroup, doch dafür war er zehn Jahre zu spät dran. Er war sehr klug. Sehr sprachgewandt. Gestutztes Haar. Er schien in eine frühere Zeit zu gehören. Er war geradezu eine Verkörperung der schönen Zeit des Rock 'n' Roll. Und dann war da noch Louise, die Produzentin. Sie achtete stets darauf, dass alles in Ordnung war, dass es uns gut ging und die Dinge reibungslos abliefen.

Vater Alex und ich waren ziemlich verwirrt – wir verstanden kein Wort, wenn sie mit ihren Fachbegriffen um sich warfen, und (um ehrlich zu sein) hatten wir keine Ahnung, was wir hier überhaupt taten. Wir sahen einander an und sagten »Schnitt!« und lachten. Aber es gelang ihnen, den Moment einzufangen. Für uns waren die Dinge, mit denen wir tagtäglich zu kämpfen hatten, zur Normalität geworden, doch sie waren nicht normal. Wir hatten uns an die Armut, die wir zu lindern versuchten, gewöhnt. Ich glaube nicht, dass wir sie akzeptiert hatten, aber wir hatten uns daran gewöhnt.

Sie filmten mich dabei, wie ich auf dem Parkplatz, auf den während der Pandemie so viele Menschen gekommen waren, Essen auslud. An diesem Abend war es kalt und nass und über hundert Menschen tauchten in der Dunkelheit auf. Ich gab ihnen Messer und Gabeln und servierte ihnen eine warme Mahlzeit. Was sie filmten, war nur ein Teil meiner ganz normalen Arbeit. Sie machten weitere Aufnahmen von mir, wie ich mit jemandem betete, der gerade erst seine Tochter verloren hatte, und von Vater Alex, der über die bestehenden Missstände sprach. Dann gaben sie uns zusammen die Gelegenheit, vor der Kamera zu erläutern, was wir taten und warum. Unsere Hoffnung war, dass in dem Bericht, der schlussendlich gesendet werden würde, mein Lieferwagen mit der Aufschrift »Church on the Street« und dem Kreuz auf der Seite sowie Vater Alex und ich mit unseren Pastorenkragen zu sehen sein würden. Wir dachten, damit hätten wir alles, was die BBC überhaupt an christlicher Botschaft ausstrahlen würde, ausgereizt.

Aber wir bekamen viel mehr.

Schließlich kam der Tag, an dem die Reportage gesendet wurde. Sie wurde in den Sechs-Uhr- und in den Zehn-Uhr-Nachrichten ausgestrahlt. Das, was wir für unsere ganz normale, alltägliche Arbeit hielten, rief in jenen, die zusahen, blankes Entsetzen hervor. Unsere Tränen wurden zu den Tränen einer ganzen Nation. Mein Telefon stand nicht mehr still. Mein E-Mail-Postfach explodierte fast. Millionen und Abermillionen Menschen hatten den Bericht angesehen, es wurden überall Kommentare abgegeben und unzählige Menschen versuchten, uns zu kontaktieren.

Dann passierte ein Wunder. Auf unserem Bankkonto ging plötzlich immer mehr Geld ein. Wir hatten eine einfache Internetseite mit einem Spenden-Button eingerichtet, und dieser wurde über Nacht so oft angeklickt, dass die Drähte glühten. Glücklicherweise brach die Seite nicht zusammen.

Der Punkt ist: Wir hatten niemanden um irgendetwas gebeten. Vater Alex und ich waren beide völlig überfordert damit, was gerade passierte. Ich bekam Briefe und Karten, in denen Menschen mir schrieben, dass sie unseren Dienst unterstützen wollten und für uns beteten. Einige alte Damen schickten uns zwei oder drei Pfund, und Kinder spendeten ihr Taschengeld für die Menschen, die sie im Fernsehen gesehen hatten.

Wenn ich vorher noch nicht demütig gewesen war, so war ich es zweifellos jetzt. Die Auswirkungen dieses kurzen Films waren enorm. Er wurde zu einem Stück Geschichte, zu einer Chronik der Pandemie und der Armut, die die Menschen heimsuchte.

Mit den Spenden, die wir erhielten, konnten wir uns ein Gebäude sichern, in dem jetzt der Hauptsitz der *Church on the Street* untergebracht ist. Dieses wunderbare Haus – und das Geld, das ausreichte, um einen sicheren Ort für die Zukunft zu schaffen – boten uns die Möglichkeit, die Arbeit zu tun, die wir heute tun. Ich werde den drei Menschen, die diesen Film produziert, bearbeitet und herausgebracht haben, für immer dankbar sein. Sie sind unsere Freunde geworden. Wir haben etwas sehr Schmerzvolles und sehr Besonderes miteinander geteilt, und dadurch wurde Hoffnung geboren! Als sich alles noch im Lockdown

Wenn ich vorher noch nicht demütig gewesen war, so war ich es zweifellos jetzt.

befand und großen Beschränkungen unterlag, gelang es uns, der Stadt den Ort zu schenken, den sie so verzweifelt brauchte.

Als sich schließlich alles ein wenig beruhigt hatte, sprach ich mit Ed. Tatsächlich war er sogar darauf bedacht, sich regelmäßig nach Vater Alex und mir zu erkundigen – er wollte sichergehen, dass es uns gut ging. Mittlerweile vertraute ich diesem Mann. Wir waren nicht nur Objekte für ihn, über die er berichten konnte, sondern da war viel mehr. Ich glaube, er hätte den Film sogar vernichtet, wenn er hätte befürchten müssen, dass er uns irgendwie hätte schaden können. Ed schien uns wirklich zugetan zu sein.

Als ich mich einmal allein mit ihm auf einen Kaffee traf, bat er mich: »Mick, erzähl mir aus deinem Leben.«

Und das tat ich.

Nachdem ich ihm in etwa zehn Minuten eine Kurzversion der Geschichte erzählt hatte, die ich in diesem Buch aufgeschrieben habe, entschlüpfte seinem Mund ein Fluch. Das zweite Wort davon war »Hölle«.

Ich sagte: »Das ist richtig, Ed. Mein Leben war die Hölle.«

»Darf ich für unsere Internetseite einen kleinen Artikel darüber schreiben, Mick?«

Ich dachte einen Moment darüber nach und fragte ihn dann, was er sich davon verspreche.

»Nun, er wird den Menschen zeigen, dass Gott dein Leben verändert hat.«

Ich nickte. »Ja.«

So schrieb Ed einen kurzen Artikel über mich – nur zweitausend Wörter lang. Und dann ging das Feuerwerk erst richtig los. Menschen aus der ganzen Welt kontaktierten mich – Kirchen, christliche Organisationen, säkulare Organisationen. Ich bekam eine derart überwältigende Zahl an Briefen, Spenden und Hilferufen, dass ich unmöglich alle beantworten konnte. Es gab Angebote für Bücher und sogar für Filme, die ich jedoch ablehnte – ich bin ganz sicher kein Filmstar! Ich denke, ich bin nur ein zerbrochener Mensch, der versucht, anderen Menschen zu zeigen, wo der Fluss ist, damit sie trinken können. Der kleine Artikel auf der Internetseite öffnete eine Tür, und jetzt stand ich vor der Entscheidung, ob ich hindurchgehen wollte oder nicht. Aber ich wusste: Wenn ich hindurchging, würde es kein Zurück geben.

Ich ging vorwärts … in das nächste Kapitel.

Einige Monate später rief Ed mich wieder einmal an und fragte mich, was ich über die aktuellen Geschehnisse denke. Mir war das Herz sehr, sehr schwer. Ich hielt so viele Bestattungsgottesdienste ab – fast jeden Tag einen. Es wurde geradezu lächerlich. Die Beerdigungsinstitute mussten Leichenwagen anmieten, um mit den Anforderungen Schritt halten zu können. In diesem Januar sah ich so viele Tote wie noch nie zuvor.

Ed fragte: »Sind das alles Covid-Tote, Mick?«

Ich sagte: »Nein – es ist einfach der Tod. Und er steht in Verbindung mit der Armut.«

»Ich komme zu dir.«

Als Ed kam, stellte er mir einige Fragen, die ich beantwortete, so gut ich konnte.

»Würdest du uns erlauben, über die Bestattungen, den Tod und all die anderen Dinge, die du siehst, einen Film zu machen?«

Ich vertraute Ed. Ich war zuversichtlich, dass, wenn die Menschen um mich herum, die in dem Film zu sehen sein würden, zufrieden wären, auch ich zufrieden wäre. Ich war der Meinung, dass diese Geschichte erzählt werden musste. Weißt du, Menschen starben, und wenn ihre Angehörigen die Kosten für ihre Beerdigung nicht aufbringen konnten, bekamen sie weder Zuschüsse noch Kredite. So landeten die Verstorbenen im Armengrab oder, was noch häufiger vorkam, bekamen überhaupt keine Beerdigung. Ihre Leichen wurden einfach verbrannt. Das war in meinen Augen komplett falsch. Dank der Spenden, die nach der BBC-Reportage bei mir eingingen, war ich in der Lage, für die Bestattungskosten aufzukommen. Und ich konnte die Gedenkgottesdienste selbst durchführen und nichts dafür berechnen.

Ed und das Team filmten mich mit zwei trauernden Familien. Die eine hatte eine schöne junge Frau im Alter von achtundzwanzig oder neunundzwanzig Jahren verloren. Sie hinterließ ihren Sohn, den kleinen Deacon. Die Mutter der Verstorbenen war zutiefst erschüttert und wirkte völlig verloren, genauso wie ihre Großmutter. Ich hielt den Trauergottesdienst ab, während die BBC filmte. Anschließend fragten sie Deacon, ob er noch etwas sagen wolle.

Seine Worte brechen mir bis heute fast das Herz: »Ich will nur meine Mum zurück. Ich bin erst zehn. Ich sollte das nicht durchmachen müssen.«

Ich erinnere mich noch daran, wie er hinter dem Sarg, in dem Grace lag, herging. Ich höre noch heute den markerschütternden Schrei ihrer Mutter, der dem Schrei meiner Mutter vor so langer Zeit so ähnlich war. Ich sah Deacon an und sah mich selbst in ihm. Ich liebte diese Menschen. Diese Trauerfeier abzuhalten war eine der schwierigsten Aufgaben, die ich je übernommen habe. Aber ich tat es.

Und dann war da Janet, deren Mann im Krankenhaus gestorben war. Sie hatte kein Geld für das Begräbnis, und das Krankenhaus würde sich um seine Leiche »kümmern«. Deshalb hielten wir eine Art Gedenkgottesdienst für ihn ab, damit sie wenigstens *irgendetwas* hatte.

Es stellte sich heraus, dass die Wahrscheinlichkeit zu sterben für die Menschen in Burnley um sechzig Prozent höher war als für jene in den anderen Teilen des Landes. Eine beängstigende Statistik. Armut und Tod waren aufs Engste miteinander verknüpft. Das ist etwas, das mich im Lauf der Jahre stets sehr beschäftigt hat: die Ungerechtigkeit der Armut. Das wollte ich nicht akzeptieren. Das *will* ich nicht akzeptieren. Ich werde bis zu meinem letzten Atemzug gegen die Armut ankämpfen, weil Armut bedeutet, dass manchen Menschen der Zugang zu Dingen verwehrt wird, die jeder haben sollte. Wenn man diesen Zugang hat, ist man nicht länger arm. Und alles, was die Armen wollen, sind dieselben Möglichkeiten, die du und ich haben. Aber sie haben sie nicht. Die Gesellschaft ist so aufgebaut, dass sie den Armen den Fuß auf die Kehle setzt und sie am Boden hält. Aber in Christus Jesus wird diese Ungerechtigkeit ausgeräumt.

Das Neue und das Alte Testament sind voller Passagen, die sich gegen jeden und alles wenden, der bzw. das die Armen unterdrückt. Ja, diese Bibelstellen schreien regelrecht auf. *Ich bete, dass alle Kirchen auf der ganzen Welt diese Botschaft begreifen!* Wahre Hilfe für die Armen beinhaltet nicht nur Gebet, sondern auch von Herzen kommende Taten im Namen Jesu Christi. Wir sind dazu aufgerufen, Menschen in Not zu essen zu geben, ihnen zu dienen, sie zu lieben und uns um sie zu kümmern, und es ist an der Zeit, diesem Aufruf in einem höheren Maß Folge zu leisten.

Die Gesellschaft ist so aufgebaut, dass sie den Armen den Fuß auf die Kehle setzt und sie am Boden hält. Aber in Christus Jesus wird diese Ungerechtigkeit ausgeräumt.

Dieser Film, so herzzerreißend er war, setzte ein Jahr später eine enorme Kraft frei, als er Deacon und den zukünftigen König von England auf eine geradezu unglaubliche Weise zusammenführte.

Zu dieser Zeit erlebte mein Dienst *Church on the Street* großes Wachstum, und durch Auftritte im Fernsehen und im Radio gab ich ihm ein Gesicht und eine Stimme. Ich versuchte, in verschiedene Situationen Wahrheit hineinzusprechen und den Menschen von der Liebe Gottes zu erzählen. Das neue Gebäude war so organisiert, dass es uns auf vielerlei Weise dienen konnte. Stell dir einmal vor, man würde erst jetzt auf die Idee kommen, Klöster zu gründen. Wie würde ein Kloster im 21. Jahrhundert aussehen? Ich schätze, es wäre unabhängig. Es würde eine Arztpraxis beinhalten, eine psychiatrische Abteilung und eine Drogenberatungsstelle. Man würde den Menschen helfen, eine Bleibe zu finden und aus ihren Schulden herauszukommen. Man würde ihnen zu essen geben, sie waschen, ihre Wunden verbinden … Genau das wollten wir den Menschen im Rahmen der *Church on the Street* bieten.

Und im Zentrum von alledem stand unsere Kirche selbst. Unsere Sonntagsgottesdienste sahen ein wenig anders aus als die in gewöhnlichen Kirchen. Es versammelten sich zwischen hundertfünfzig und zweihundert zerbrochene Menschen, die zusammen eins wurden. Wir waren ehrlich in unserer Armut und teilten miteinander, was wir hatten. Wir hatten Hoffnung – für die Gegenwart und für die Zukunft. Wir waren nicht gefangen.

Mir fiel auf, dass wir in einer neuen Pandemie steckten: Immer mehr Menschen litten unter schweren psychischen Störungen oder nahmen sich sogar das Leben. Viele kamen auf der Suche nach Hilfe zu mir. Ich betete mit ihnen, unterstützte sie, soweit ich konnte, und versuchte, einen Therapieplatz für sie zu finden, doch meine Anfragen bei psychiatrischen Institutionen liefen stets ins Leere.

All diese Menschen gingen wieder und starben.

Angesichts dieser Ungerechtigkeit war ich sehr erbost. Kennst du das Gefühl, wenn Ärger in dir aufsteigt und sich in deinem Magen zu einem dicken Knoten formt? Am liebsten hätte ich laut losgebrüllt. Ich wusste, dass ich etwas tun musste.

Wieder einmal rief ich meinen alten Freund Ed an. Er und Phil kamen zu mir und wir unterhielten uns über den Dienst, wie er sich entwickelt hatte und was wir jetzt taten. Jede Woche kamen über tausend Menschen in die Kirche, um Hilfe und Unterstützung zu bekommen. Die Not war groß, aber die seelischen Probleme der Menschen waren noch viel größer.

Am liebsten hätte ich laut losgebrüllt. Ich wusste, dass ich etwas tun musste.

Ed fragte mich, welche Veränderungen ich gern sehen würde, und so wiederholte ich meinen Refrain, dass alle Menschen dieselben Möglichkeiten haben sollten. Ich wollte, dass die Menschen, die verzweifelt und verloren waren und nur noch sterben wollten, Zugang zu psychiatrischer Behandlung hatten, doch diese wurde einfach nicht angeboten. Wir hatten auch den mobilen psychiatrischen Dienst gebeten, mit uns zusammenzuarbeiten, aber sie reagierten nicht auf unsere Bitte. Unsere unzähligen Versuche, dort telefonisch jemanden zu erreichen, blieben erfolglos.

Es erfüllt mich mit großer Scham und Trauer, sagen zu müssen, dass sich immer mehr Tote ansammelten. Junge Menschen. Verloren.

Auf meine Bitte hin drehte die BBC einen Beitrag über die zunehmend angegriffene psychische Gesundheit der Menschen. Wie schon beim ersten Mal begleiteten sie mich mit der Kamera in meinem alltäglichen Dienst. Es war fast übernatürlich, was während des Filmens passierte: Genau zur richtigen Zeit tauchten genau die richtigen Menschen auf. Die Reporter sahen die extremen Verhaltensweisen, in die diese psychisch schwer erkrankten Personen verfallen waren, und dokumentierten ihren mangelnden Zugang zu Hilfe und Unterstützung.

Der Film schlug derartig hohe Wellen, dass sich der staatliche Gesundheitsdienst bei mir meldete und seine Unterstützung anbot. Dadurch konnten wir unsere Vision verwirklichen. Wir stellten ein Team auf, das sich seitdem um die psychische Gesundheit der Menschen kümmert. Wir haben Traumaberater und einen Raum für die medizinische Versorgung von Abszessen, Wunden, Thrombosen und Hauterkrankungen. Wir haben Teams, die sich speziell um Menschen mit Hepatitis C kümmern. Die zuständigen Ämter der Kommunen bieten Obdachlosen Schlafplätze an. Wir haben Ansprechpartner für Menschen mit Drogen- und Alkoholproblemen, die entsprechende Therapien anbieten und versuchen, sie wieder auf den richtigen Weg zu führen. Einmal in der Woche bieten wir Rehabilitationsprogramme an. Von verschiedenen externen Organisationen kommen Mitarbeiter, um mit den Menschen zu reden. Wir haben Gruppen für Familien und für die Angehörigen von Suchtkranken und Alkoholikern. Wir versorgen die Menschen jeden Tag an sieben Tagen in der Woche mit warmen Mahlzeiten, haben ein Lebensmittellager und einen Vorrat an Kleidung. Wir bieten Duschen an, die sie umsonst benutzen können, und helfen den Menschen, ihre Gas- und Stromrechnungen zu bezahlen. Wir übernehmen die Kosten für Bestattungen und helfen ihnen, ihre Leistungsansprüche geltend zu machen.

Das ist *Church on the Street.*

Das ist ein Kloster des 21. Jahrhunderts.

Das ist die Grundlage für den Aufbau einer christlichen Gemeinschaft.

15
Der Anruf

Es war ein kalter, nasser Morgen. Der Regen klatschte gegen das Fenster meines Büros in der *Church on the Street.* Draußen lief eine Frau vorbei, die mit ihrem Regenschirm kämpfte. Die Sturmböen zerrten so heftig daran, dass der Stoff zwischen den Stangen hin und her flatterte, mal in die eine und mal in die andere Richtung, fast so, als würde er wie Blätter im Wind tanzen.

Aufgrund des trüben Wetters waren die Straßenlaternen noch an und ließen die nassen Platten des Gehwegs im reflektierten Licht leuchten. Angesichts der Schönheit im Alltäglichen denke ich oft über die Majestät Gottes nach. Es spielt keine Rolle, ob du in einer Großstadt, einer Kleinstadt oder auf dem Dorf lebst – Gott ist das Außergewöhnliche *im* Gewöhnlichen. Wir brauchen nur die Augen aufzumachen, um es zu sehen und in uns aufzunehmen …

Gott ist das Außergewöhnliche *im* Gewöhnlichen. Wir brauchen nur die Augen aufzumachen, um es zu sehen und in uns aufzunehmen …

Das Telefon klingelte. Ich sah, dass der Anrufer seine Nummer unterdrückt hatte. Die Wahrscheinlichkeit, dass ich einen Anruf mit unterdrückter Nummer annehme, geht gegen null. Ich denke immer: »Wenn du mir nicht sagen kannst, wer du bist, will ich auch nicht mit dir reden.« Aber es klingelte und klingelte, und so landete der Anrufer den Treffer mit der Chance von eins zu einer Million, dass ich den Anruf entgegennahm. *Ich war sehr vorsichtig.* Meine Hand schwebte bereits über der Schaltfläche, die das Gespräch beenden würde.

»Hallo, ist dort Pastor Mick?«

Die Stimme hörte sich gebildet an. Perfekt ausgesprochene Vokale. Mein erster Gedanke war, dass es sich möglicherweise um einen Polizisten oder gar einen höherrangigen Beamten der Polizei handeln könnte. »Hallo.«

»Hier ist der Kensington-Palast.«

Ich schnappte mir einen Stift und schrieb schnell »Kensington-Palast« auf, weil ich zwar glaubte zu wissen, was das war, ohne mir jedoch sicher zu sein.

Wie sich herausstellte, wollten sie in einem Zoom-Meeting mit mir über einen Besuch bei uns sprechen. Mehr Informationen bekam ich nicht. Natürlich sagte ich zu. Wir vereinbarten einen Zeitpunkt und damit war das Gespräch beendet. Sie hatten mich gebeten, die Sache für mich zu behalten, doch das fiel mir sehr schwer, denn als ich anschließend »Kensington-Palast« googelte, stellte sich heraus, dass das keine Fußballmannschaft war, sondern das Büro der königlichen Familie!

Ich musste lachen. Ich dachte über mein Leben nach und woher ich gekommen war, was ich getan hatte und wer ich gewesen war. Und ich betete: »Herr, ich glaube, du nimmst mich auf den Arm. Es werden nicht wirklich Mitglieder der königlichen Familie zu uns kommen, oder?« Das wäre sicher das größte Wunder von allen.

In diesem Moment klopfte es an der Tür. Einer der Männer, die für uns arbeiteten, streckte seinen Kopf herein und fragte mich, ob ich einen Kaffee wolle.

»Ja!«

»Was ist los?«, fragte er.

»Nichts … warum?«

»Du hast so ein breites Lächeln auf dem Gesicht.«

»Warum? Ist das ungewöhnlich?«

»Nun, für dich schon, Mick. Ja!«

Wir lachten zusammen.

»Nein, es ist nichts.« Ich war zur Geheimhaltung verpflichtet.

Als er mir meinen Kaffee brachte, fühlte ich mich, als müsste ich gleich explodieren, so sehr drängte es mich, ihm zu erzählen, was passiert war.

Aber ich durfte nicht.

Als die Zeit für das Zoom-Meeting gekommen war, ging ich in einen anderen Raum und schloss mich ein. Ich sah all die verschiedenen Gesichter auf dem Bildschirm und konnte nicht anders, als mich zu fragen, wie sie wohl aufgewachsen waren und was für ein Leben sie aktuell führten. Ich hatte nicht das Gefühl, dass sie privilegiert waren und ich nicht. Es interessierte mich einfach. Welche Voraussetzungen musste man erfüllen, damit man im Kensington-Palast arbeiten durfte? Wie musste man sein oder wie durfte man nicht sein? Arbeiteten sie auch für die Regierung? Ich stellte mir vor, wie ein Kerl im Format von James Bond als Leibwächter für die königliche Familie fungierte … Mir ging alles Mögliche durch den Kopf, als ich die Gesichter in den quadratischen Rahmen auf einem quadratischen Bildschirm betrachtete.

Aber da war keine Tiefe, alles war flach und nicht wirklich real. Direkt vor mir, aber Hunderte von Kilometern entfernt. Dennoch war die Verbindung kristallklar, und in unserem Gespräch machten sie mir einen Vorschlag, der mich so in Begeisterung versetzte, dass ich kaum an mich halten konnte.

Der Herzog und die Herzogin von Cambridge wollten zu einem Besuch zu uns in die *Church on the Street* kommen – und vor allem wollten sie mich kennenlernen! Sie interessierten sich außerordentlich für unsere Arbeit.

Ich weiß noch, wie ich mich bemühte herauszufinden, wer der Herzog und die Herzogin von Cambridge waren. Dann fiel es mir ein: Es war Prinz William! Dieser Mann würde eines Tages König sein! Und seine bessere Hälfte, dieses große Mädchen, würde Königin sein. Das Treffen rückte in den Hintergrund, als ich mir Menschen mit Kronen auf dem Kopf und königlichen Gewändern vorstellte. Ich musste den Kopf schütteln, um wieder in die Realität und zu dem Gespräch zurückzukehren.

Ich fragte: »Wann soll der Besuch stattfinden? Vielleicht in zwölf Monaten, oder in sechs?« Ich dachte, so etwas würde sicher viel Vorbereitung benötigen.

»Nein, nein, nein – in zwei Wochen.«

»Sie wollen mir also sagen, dass in zwei Wochen der zukünftige König und die zukünftige Königin von England nach Burnley kommen, um *mit mir* eine Tasse Tee zu trinken und sich unsere Arbeit anzusehen?«

»Das ist richtig, Pastor Mick, ja.«

Na prima.

Ich wusste nicht, was überraschender war – die Tatsache, dass ich das zukünftige Königspaar kennenlernen würde, oder die Unterhaltung, die ich damals mit einem Engel geführt hatte. Die beiden Szenarien waren sich sehr ähnlich und gleichermaßen surreal … aber dennoch real.

Wir organisierten alles Nötige und ein paar Tage später kam ein ganzes Team aus London, um sich mit uns zu beraten. Als die vier Sicherheitsleute – drei Männer und eine Frau – in unser Hauptbüro kamen, wusste ich sofort, dass sie Waffen trugen. Ich sah es, als sie im Raum standen, ich erkannte es daran, *wie* sie im Raum standen, und daran, wie ruhig sie waren. Sie gingen durch das ganze Gebäude und prüften alle Ausgänge, während sie sich mit dem Rest des Teams unterhielten. Natürlich musste ich einigen Mitgliedern unserer Belegschaft von dem Besuch erzählen, aber wir taten, was wir konnten, um die Sache unter Verschluss zu halten. Es durfte nichts an die Öffentlichkeit gelangen. Wir näherten uns zwar dem Ende des Lockdowns, aber es herrschte immer noch viel Unsicherheit, und dies würde der erste offizielle Termin sein, den der Herzog und die Herzogin seit recht langer Zeit wahrnahmen.

Ich wusste nicht, was überraschender war – die Tatsache, dass ich das zukünftige Königspaar kennenlernen würde, oder die Unterhaltung, die ich damals mit einem Engel geführt hatte.

Es war alles arrangiert. Wir hatten einen genauen Fahrplan. Ich war davon ausgegangen, dass sie vielleicht zehn oder fünfzehn Minuten mit uns verbringen würden. Wir würden uns die Hände schütteln, ein paar Bilder machen und dann würden sie sich verabschieden. Aber nein – wie sich herausstellte, hatten sie für ihren Besuch bei uns eineinhalb Stunden eingeplant!

Es wurde immer bemerkenswerter. Ich dachte ständig: *Das wird nicht wirklich passieren. Sie werden absagen. Das ist nicht real – es wird nie geschehen.*

Als ich Sarah die Neuigkeiten mitteilte, lachten wir. Ich sagte: »Weißt du, ich bin ein Mann, den sie früher nicht näher als zweihundert Meilen an ein Mitglied der königlichen Familie herangelassen hätten, und jetzt wollen sie uns treffen. Das ist bemerkenswert.«

»Es ist tatsächlich bemerkenswert, Mick«, sagte sie. »Was für ein Segen Gottes!«

Und ich glaube, genau das war es. Es war ein Segen Gottes.

Die Sicherheitsleute sagten mir, es würde ihnen genügen, wenn ich mich für jede Person, die beim Eintreffen des Herzogspaars im Gebäude sein würde, verbürgen würde. Es war unglaublich, welches Vertrauen sie in mich setzten – schließlich ging es hier um den zukünftigen König und die zukünftige Königin! Ich verspürte große Demut und fühlte mich gesegnet. Ich hatte nicht allzu viel Angst, aber gleichzeitig spürte ich ein Flattern im Bauch. Es war eine Mischung aus Begeisterung und Unsicherheit.

Bald waren alle Punkte abgehakt, alle Häkchen gesetzt und in zwei Wochen würden wir einige ganz besondere Besucher erwarten. Deshalb mussten wir auch einige besondere Menschen einladen, die mit ihnen sprechen sollten. Jeder, den ich kenne, ist besonders, aber ich dachte an Deacon, dessen Mutter wir beerdigt hatten. Der Junge hatte etwas an sich, das mich berührte. Ich hatte schon immer gespürt, dass er in der Lage war, aus diesem Leben hier, vielleicht sogar aus Burnley auszubrechen. Er war noch ein kleiner Kerl, aber seine Worte hatten mich tief berührt: »Ich will nur meine Mum zurück. Ich bin erst zehn. Ich sollte das nicht durchmachen müssen.«

Wenn es irgendjemand verdient hatte, einen König – und eine Königin – zu treffen, dann war er es.

Also lud ich Deacon und seine Urgroßmutter ein. Sie waren die ersten beiden auf der Liste. Und natürlich alle unsere Mitarbeiter und einige unserer Dienstleistungsnutzer. Ich mag den Ausdruck »Dienstleistungsnutzer« nicht, weil sie einfach Freunde sind, aber wenn man etwas aufschreibt, muss man manchmal konkretere Begriffe wählen.

Wir machten uns nicht verrückt, indem wir versuchten, alles auf Hochglanz zu polieren. Natürlich sorgten wir dafür, dass alles in Ordnung war, weil wir sehr respektvoll sind, aber am Tag des Besuchs hatten wir noch bis zwei Uhr geöffnet, bevor wir dann unsere Türen schlossen.

Es war zehn vor drei. Fernseh- und Radioteams sowie einige Zeitungsreporter waren eingetroffen. Wir hatten uns erkundigt, ob es in Ordnung sei, wenn wir nicht allzu viele Würdenträger einluden, weil wir uns mehr auf unsere Arbeit konzentrieren wollten als auf irgendetwas anderes, und das wurde respektiert.

Dann ein Flüstern: »Sie sind da! Sie sind da!«

Wir waren im ersten Stock, und ich hörte, wie sich die Eingangstür öffnete, dann Schritte – ein Klackern, ein Schlurfen. Offenbar gehörten sie nicht zu den Menschen, die eine Treppe langsam Stufe für Stufe hinaufsteigen und sich dabei am Geländer festhalten. Sie waren gesund und aktiv und kamen zügig und erwartungsvoll herauf. Und dann waren sie da!

Prince William streckte die Hand aus, und die Worte, die aus seinem Mund kamen, hauten mich fast aus den Socken. Dieser große junge Mann, der zukünftige König von England, sagte: »Pastor Mick! Der wichtigste Mann!«

Als ich ihm und dann seiner schönen Frau die Hand schüttelte, sagte ich: »Danke. Danke, dass Sie gekommen sind. Danke, dass Sie uns diese Ehre erweisen. Ihr Besuch hier wird uns definitiv helfen. Vielleicht werden die Menschen uns jetzt mehr unterstützen und …«

Es war wunderbar.

Ich hatte mir zuvor einen kleinen Rundgang überlegt und zeigte ihnen nun alles. Ich stellte ihnen meine Frau vor und erzählte ihnen, dass sie den Menschen in der Kirche die Nägel mache. Manche, die zu uns kommen, haben sehr, sehr zu kämpfen, und wenn sie Sarah gegenüber am Tisch sitzen, berührt sie ihre Hände, lackiert ihre Nägel, hört ihnen zu und spricht mit ihnen. Das ist ein erstaunlicher Dienst, der in so viele verfinsterte Seelen ein wenig Licht bringt.

Und Sarah war einfach Sarah! Sie sprach und lachte mit beiden. Sie waren so nette Menschen.

Wir hatten drei Tische aufgestellt, und am ersten stellten wir ihnen Deacon und seine Urgroßmutter vor. Sie hatte vor Freude und Stolz ein breites Lächeln auf dem Gesicht. Deacon war ein bisschen reserviert und still, aber wir hatten ihm vorher nicht sagen können, wer uns besuchen würde.

Ich fragte: »Was ist los, Deacon?«

»O, ich dachte es würde David Beckham kommen oder irgendein anderer Fußballer.«

Ich sagte: »Ach, mach dir keine Sorgen, es ist in Ordnung.« Ich wusste nicht, ob er enttäuscht war oder nicht.

Aber der Prinz begann sofort eine Unterhaltung mit ihm, und ich beobachtete, wie etwas Erstaunliches passierte.

»Woher kennst du Pastor Mick?«

»Er hat uns geholfen, als meine Mutter starb.«

»Oh. Wann starb sie, Deacon?«

»Vor einem Jahr.«

Was ich jetzt beschreiben werde, ist einer der schönsten und herausragendsten Momente, die ich je erlebt habe.

Prinz William beugte sich ein wenig näher zu Deacon herüber und sagte: »Weißt du, Deacon, ich habe meine Mutter verloren, als ich fünfzehn war. Hör *niemals* auf, über sie zu reden! Lass sie nicht in Vergessenheit geraten. Halte die Erinnerung an sie wach.«

In diesem Augenblick entstand eine tiefe Verbundenheit zwischen ihnen. Sie verstanden einander. Sie hatten denselben Schmerz erfahren. Ich sah, wie sich Deacons Gesichtsausdruck veränderte – er hellte sich ein wenig auf und seine Augen wurden größer. Und die Herzogin war so schön. Sie sah den Jungen liebevoll an, und ihr Lächeln und ihr Charme brachte die Herzen aller anwesenden Menschen zum Schmelzen.

Deacons Urgroßmutter wischte sich eine Träne weg.

Dem Prinzen fiel auf, dass Deacon ein Fußballshirt trug – das Trikot des Torhüters der Burnley-Mannschaft. Und auf der Rückseite stand: »Nick Pope«. Prinz William wusste alles über Fußball –

nun, vielleicht nicht alles, er ist ein Aston-Villa-Fan. Aber das muss man ihm vergeben!

Er unterhielt sich mit Deacon über Fußball und die Spieler und sagte dann: »Würdest du Nick Pope gern treffen?«

Das Lächeln, das auf Deacons Gesicht erschien, sah aus, als hätte ihm jemand Fäden an die Mundwinkel gebunden und diese nach oben gezogen, so weit es nur ging. Ich habe nie ein breiteres Lächeln gesehen. »Ja!«

»Nun, ich bin der Vorsitzende des Fußballverbands, deshalb bin ich praktisch sein Chef. Ich werde sehen, was ich tun kann.«

Das war unfassbar. Ein Wunder.

Wir gingen zum nächsten Tisch, an dem Anthony mit seiner Mutter und seinem Vater saß. Er erzählte uns seine Geschichte. Er war in die *Church on the Street* gekommen, um aus den Lebensmittelpaketen Kaffee zu stehlen. Diesen wollte er verkaufen und sich von dem Erlös Drogen besorgen. Heute arbeitet er für uns. Er ist clean, er ist nüchtern und verbringt seine Zeit nicht mehr in Gerichtssälen oder Gefängniszellen. Er ist ein produktives Mitglied der Gesellschaft.

In diesem Augenblick entstand eine tiefe Verbundenheit zwischen ihnen. Sie verstanden einander. Sie hatten denselben Schmerz erfahren.

Ich erinnere mich noch daran, wie der Prinz sich ihm zuwandte und sagte: »Wir sind hierhergekommen, um mit Menschen wie dir zu sprechen, Anthony. Menschen wie du sind uns wichtig.«

Und ich wusste, dass er es auch so meinte.

Anthony war zu Tränen gerührt. Auch ich spürte, wie mir die Tränen kamen. Der Prinz stand auf und fragte, ob er sich mit ihm fotografieren lassen dürfe. Natürlich durfte er. Sie ließen uns Fotos machen. Sie waren bodenständig und praktisch veranlagt. Sie hatten Mitgefühl und interessierten sich wirklich für die Menschen.

Ich hatte es auf dem Herzen, sie zu fragen, ob ich für sie beten dürfe, und sie stimmten zu: »Ja, natürlich.« Wir gingen in eine Ecke des Raums, beugten die Köpfe und ich ließ die Worte aus meinem Mund sprudeln. Ich sprach Gottes Schutz über sie aus. Ich betete, dass Gott sie in allem, was sie tun mussten, führen möge. Ich betete für sie als die zukünftige Hoffnung der Nation, weil so viel davon abhing, wer und was sie waren und wie sie sich verhalten und mit den Dingen umgehen würden. Ich beendete mein Gebet mit den Worten: »Gott segne Sie.«

Dann begleiteten wir sie zum Eingangsbereich zurück. Auf dem Weg dorthin trafen wir auf eine unserer ehrenamtlichen Mitarbeiterinnen, die ihr neugeborenes Mädchen – Anastasia – auf dem Arm hielt. Die Herzogin ging sofort zu ihr und knuddelte das Baby. Die Presse war begeistert! Als der Herzog mit einem schiefen Lächeln sagte: »Komm nur nicht auf dumme Gedanken!«, erfüllte Gelächter den Raum.

Die Tür am Fuß der Treppe wurde geöffnet und uns erwartete lauter Jubel. Eine große Menge hatte sich draußen versammelt. An diesem Abend konnte man in den Sechs-Uhr-Nachrichten der BBC die *Church on the Street* mit ihrem seltsamen Vikar Pastor Mick und dem Herzog und der Herzogin von Cambridge sehen.

Der Prinz hatte sein Wort gehalten. Deacon hatte den schönsten Tag seines Lebens, und die Geschichte berührte die Herzen der Menschen auf der ganzen Welt.

Was für ein Zusammentreffen!

Was für ein unglaubliches Erlebnis!

Die Bilder von der Herzogin mit der kleinen Anastasia gingen viral, und die Fotos von unseren Gesprächen und unserem gemeinsamen Gebet erschienen in weiten Teilen der Welt in Zeitschriften, einschließlich in Amerika, China und Japan.

Nur wenige Tage später erhielten wir einen Anruf aus dem Kensington-Palast. Man hatte arrangiert, dass Deacon, seine Familie und ich als Gäste in die VIP-Lounge des Burnley-Football-Clubs kommen durften. Wir würden dort gemeinsam essen und anschließend würde Deacon die Spieler treffen, einschließlich – was ihn ganz besonders freute – Nick Pope.

Und sie machten ihr Versprechen wahr. Wir gingen zu dem Fußballspiel und der kleine Junge traf seinen Helden. Nick gab ihm sein Trikot und seine Torhüter-Handschuhe und signierte beides, er unterhielt sich mit Deacon und nahm ihn mit auf das Spielfeld und in den Torbereich. Bei alledem strahlte er so eine herzerwärmende Aufrichtigkeit und Fürsorge aus.

Der Prinz hatte sein Wort gehalten. Deacon hatte den schönsten Tag seines Lebens, und die Geschichte berührte die Herzen der Menschen auf der ganzen Welt.

Deacons Probleme schrumpften immer mehr in sich zusammen. Er ist so viel gesprächiger geworden, und es fühlt sich an, als hätte sein Heilungsprozess begonnen.

In diesem Buch habe ich von meiner Drogenabhängigkeit und meinem Weg heraus erzählt, ich habe von meinem christlichen Werdegang und meiner Arbeit bei *Church on the Street* berichtet. Dabei ist mir klar geworden, dass mein Leben aus Extremen besteht.

Aber es gibt eines, das sich wie ein roter Faden hindurchzieht, und das ist Jesus Christus, mein Herr und Retter.

Weiterführende Informationen und Kontaktdaten

Ich hoffe, dass dir dieses Buch gefallen hat. Wenn es dich berührt hat, würde ich mich freuen, von dir zu hören. Nachstehend findest du meine Kontaktdaten sowie weitere Informationen.

Pastor Micks Kontaktdaten

E-Mail: pastormick@cots-ministries.co.uk
X (ehemals Twitter): https://twitter.com/pastorfleming?lang=en
Facebook: https://www.facebook.com/mick.fleming.75

Weiterführende Informationen zu diesem Buch

www.cots-ministries.co.uk

Die Church on the Street hat zu *Blown Away* eine Reihe von weiterführenden Informationen zusammengestellt. Diese können online oder in gedruckter Form abgerufen werden. Darüber hinaus gibt es einige Videos von Mick. Die weiterführenden Informationen werden den Wandel, den Mick erlebt hat, auf authentische Weise weiter vertiefen. Darüber hinaus zeigen sie die Schritte auf, die ihn direkt zu Christus geführt haben, und lehren die Menschen, wie sie diese praktisch umsetzen können. Das Material ist gleichermaßen geeignet für Gemeinden, Gruppen und das persönliche Studium. Es ist als Teil eines Mitgliedschaftsprogramms zeitgleich mit der Veröffentlichung der englischen Ausgabe dieses Buches im September 2022 erschienen.

Fernseh- und Radioberichte

BBC News
Pastor Mick: Der Herzog und die Herzogin unterstützen die Wohltätigkeitsarbeit in Burnley (20.01.2022)
www.bbc.co.uk/news/uk-england-lancashire-60070614
Prinz William und Kate treffen Burnleys Pastor Mick (20.01.2022) www.bbc.co.uk/news/av/uk-60062262
»Ich will nicht leben, mein geistiger Zustand ist so schrecklich« (25.10.2021) www.bbc.co.uk/news/av/uk-59044611

GB TV
Pastor Mick Fleming berichtet GB News von den steigenden Lebenshaltungskosten in Burnley (04.02.2022)
www.youtube.com/watch?v=yg5-ggvBN7o

ZDF
auslandsjournal – die doku: Armes KönigReich (30.05.2022)
https://www.zdf.de/politik/auslandsjournal/auslandsjournal---die-doku-armes-koenigreich-vom-2-juni-2022-100.html
ab Minute 38:58 bis ca. 42:50 wird über Mick Fleming berichtet.

Presseberichte

The Telegraph
Prinz William arrangiert ein »lebensveränderndes« Treffen zwischen einem trauernden Jungen und dessen Fußballhelden. Prinz William und den Jungen verbindet dasselbe Schicksal – der Verlust ihrer Mutter (15. 02. 2022)
www.telegraph.co.uk/royal-family/2022/02/15/prince-william-sets-life-changing-meeting-grieving-boy-footballing/

The Times
Kirchen haben die Netzwerke, um Bedürftigen in Zeiten der Not zu helfen (06. 12. 2020)
www.thetimes.co.uk/article/churches-have-the-networks-to-help-poor-in-time-of-need-50jzklmld

The Independent
Happy List 2021: *The Independent* feiert 50 inspirierende Menschen, die positive Veränderungen in Großbritannien bewirken: Michael Fleming (14. 09. 2021)
www.independent.co.uk/happylist/happy-list-2021-inspirational-individuals-b1899386.html

BBC News
Burnleys Pastor Mick – vom gefährlichen Drogendealer zum Lebensretter (18. 12. 2020)
www.bbc.co.uk/news/stories-55273677
Burnleys Pastor Mick: »Wenn ich diese Tür schließe, stirbt er« (17. 12. 2021) www.bbc.co.uk/news/uk-59651954

Auszeichnungen

2021 Sandford St Martin Trustees' Awards: Trustees' Content Award – Burnley-Krise
https://sandfordawards.org.uk/2021-trustees-awards/
Orwell-Preis für das Aufdecken der gesellschaftlichen Missstände in Großbritannien 2022: »Die Kosten von Covid – Krise in Burnley« von Ed Thomas (BBC News)
https://www.orwellfoundation.com/the-orwell-foundation/news-events/news-events/news/the-orwell-prizes-2022-winners/